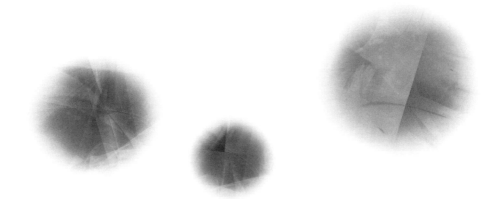

障害児教育福祉史の点描

関連領域の検討

小川英彦 著
Ogawa Hidehiko

三学出版

まえがき

　筆者は、歴史研究を開始して 40 年余の月日が経とうとしている。
　「光陰矢の如し」という諺のように、今から思えば、本当に月日があっという間に過ぎた感じがする。
　幸運にも、三学出版の中桐和弥様と出会うことができ、障害児教育福祉史研究の拙著を本書で 9 冊目を刊行することができた。ただ、これまでの著書は、巻末に初出一覧をけっこう紹介できたが、冊数を重ねることによって、書下ろしにならざるを得なくなっている。新鮮味がある一方で、執筆するのに時間を要するという苦労・たいへんさを経験している。資料の発掘、読破、整理、執筆（推敲も含めて）、刊行という一連の公になるまでの "醍醐味" を年取ってから味あわせてもらっているのかもしれない。これも筆者に残された時間の楽しみなのであろう。
　これまでの三学出版刊行の拙著を列挙すると以下のようである。
・『障害児教育福祉の歴史－先駆的実践者の検証－』（2014 年）
・『障害児教育福祉史の記録－アーカイブスの活用へ－』（2016 年）
・『障害児教育福祉の地域史－名古屋・愛知を対象に－』（2018 年）
・『障害児教育福祉の通史－名古屋の学校・施設の歩み－』（2019 年）
・『障害児教育福祉史の資料集成－戦前の劣等児・精神薄弱児教育－』
　（2020 年）
・『障害児教育福祉史の人物－保育・教育・福祉・医療で支える－』
　（2020 年）
・『障害児教育福祉史の偉人伝－愛知の障害児者支援への尽力－』
　（2021 年）
・『障害児教育福祉の実践記録－親子に寄り添った私の 13 年の歩み－』（2023 年）
　順に各所のキーワードは、「人物」「記録」「地域」「通史」「集成」「連携」

「偉人」「実践」になる。

　これまでの著書では、障害児教育福祉史の過去・現在・未来を念頭に置いて執筆した次第である。ささやかな研究でしかないが、一応、歴史とは過去との対話を通した未来への遺産継承の営みであると考えていることを主張してきたつもりだからである。記録が、過去と現在と未来をつなぐ架け橋になっているのである。

　本書の特徴にもなろうが、今回は、三間という意識のもとで執筆してみた。

　第一に、時間の面からは、児玉昌や伊沢修二が愛知にいた時期の功績については、従来の先行研究では全く指摘されてこなかった。また、明治期から大正期に公刊された幼児教育雑誌を取り上げて、これまでその雑誌では扱われてこなかった児童保護問題を追究してみた。その意味ではオリジナリティは一定あろうと思われる。

　第二に、空間の面からは、研究領域とでも言えそうだが、養護概念の検討を通して学校（教育）領域と施設（福祉）領域の検討をすることになった。

　第三に、仲間の面からは、障害児保育実践と理論の創造に尽くした斎藤公子の人物史を取り上げることができた。また、ダイバーシティという称し方を通じて教育機関と福祉機関等にいる多様な当事者たちへの支援を考えるきっかけになった。

　時間・空間・仲間という三間が、障害児も含め、すべての子どもたちの発達を促す上では不可欠であるとも言及される。こうした「発達保障」「生活保障」をしていくためには、三間の充実がこれからの障害児の教育と福祉の質の向上、子どもの最善の利益の優先（「子どもの権利条約３条」）にはなおさら必要になってくると思われてならない。

　子どもの権利条約にあたっては、他の人権条約と同様に、批准後は、条約の実行状況を国連に報告する義務が国に課せられている。国連・児

童の権利委員会は NGO 団体等によるパラレルレポートも精査し、毎回わが国に対して厳しい内容の最終見解（総括所見）を提出していることを忘れてはいけない。子どもたちを権利の享有・行使の主体として位置付けていく課題が山積していることを物語っている。

　加えて、日本保育学会は 2023 年に『保育学研究倫理ガイドブック 2023』を刊行している。そこでは、保育学研究における倫理とは「人権」であること、「こども基本法」が 2022 年 6 月に制定公布されたことに伴い、倫理綱領の内容とは「全てのこどもに・・・意見の表明、最善の利益が優先」と明記されている。ますます障害児の教育福祉の研究を進めていく必要性と使命感を感ずる。

　ところで、2022 年に社会事業史学会（1973 年創設。社会福祉の歴史研究を通じ、社会福祉の科学的研究を高め、民主主義に基づいた日本社会福祉の進展に資することを目的として活動）が、『戦後社会福祉の歴史研究と方法－継承・展開・創造－』第 1 巻〈思想・海外〉と第 2 巻〈理論・総括〉を 50 周年記念論文集として刊行した（近現代資料刊行会発行所）。第 1 巻では、①社会福祉の思想・価値・規範、②思想としての宗教が問うもの、③人物史研究がひらくもの、④当事者視点への接近、⑤言説分析の可能性、⑥海外社会福祉歴史研究の方法を、第 2 巻では、①福祉原論と人権、②地域福祉の展開と福祉運動の捉え方、③貧困と福祉労働からの視座、④福祉対象の把握と支援の視座、⑤実践史という視座、⑥社会史からのアプローチ、⑦史料論、⑧総括をあげている。

　ここからは、社会福祉の歴史研究の研究方法を学ぶという意義があると考えさせられる。筆者もこの学会の会員の一人として、自らの研究方法を模索し、確立していくという課題があると思う。上記のいくつかの研究視点を大切に、照合しながら、今後も障害児教育福祉の歴史を推し進めていかなければならない。

　本書では、第 1 章から第 7 章に加えて、資料として「平和」と戦災孤児・

障害児者を取り上げてみた。この資料作成は第一次作業であり、教育と福祉の谷間に置かれた子どもたちの問題、地球を取り巻く平和への願いからである。これまでの刊行が９冊とはいえ、分厚い鉱脈のほんの先端を発掘しているにすぎない。なかなか本脈までたどり着けない地道な作業であるが、一歩ずつ研究を継続させていくしか道はない。

著者

目　次

まえがき　3

第1章　愛知師範学校における「幼児の教育」の端緒についての検討・・・・・・・・・・・・・・・・11

1．はじめに　11
2．伊沢修二（1851-1917）の尽力　11
3．愛知県女子師範学校附属幼稚園の創設時期について　14
4．伊沢の「幼児の教育」構想についての諸見解　15
5．愛知師範学校・伊沢の「幼児の教育」構想　17
6．おわりに　19

第2章　幼児教育雑誌『婦人と子ども』『幼児教育』に記載された児童保護問題の検討・・・・・・・・・・・・・・・・22

1．はじめに　22
2．整理・分析視点について　23
3．整理・分析視点のまとめ　23
　（1）創設者などの保護・教育思想　23
　（2）対象者　25
　（3）関係機関の紹介　28
　（4）保護・教育方法　30
　（5）地域社会との関係　33
　（6）諸外国の紹介　34
4．おわりに　35

第3章　教育と福祉での「養護」概念 ・・・・・・・・・・・40

1．はじめに　40

2．戦前の「養護」概念の整理　41

(1) 時期区分　41

(2) 戦前の教育学における「養護」の源泉　42

(3) 戦前の学校保健での「養護」の使われ方　43

(4) 戦前の特殊教育との関係の「養護」　46

3．戦後の「養護」概念の整理　47

(1) 積惟勝の「集団主義養護論」の提唱　47

(2) 小川利夫の「教育福祉論」の提唱　50

4．おわりに　54

第4章　愛知県立精神病院院長時代の

　　　　児玉昌の活動について・・・・・・・・・・・・・58

1．はじめに　58

2．愛知県における主な活動について

　　　－1932年から1940年代までを対象に－　59

3．愛知県立精神病院の歩みの中から　61

4．医学と福祉の連携（病院から施設づくりへ）　62

第5章　斎藤公子の障害児保育実践に関する研究・・・・・・65

1. はじめに　65
2. 略歴　65
3. 斎藤の底流となる保育理論　67
    (1) 身体の発達と脳の発達の関係　67
    (2) 自然のもつ良質な感覚　67
    (3) 子どもの発達の礎を築き、待つこと　68
    (4) 感性を大切に　68
    (5) 集団の中で育つ　69
4. 斎藤の障害児保育実践づくり　69
    (1) 自然豊かな保育環境　70
    (2) リズム遊び・身体づくり　71
    (3) 描画による表現活動　73
    (4) 子ども・保護者・保育者との集団づくり　74
5. おわりに　75

第6章　障害幼児を支援する保育形態（場）の変遷に関する検討・・・・・・・・・・・・・・・・・77

1. 分離保育（セグリゲーション）の開始　78
2. 統合保育（インテグレーション）の志向へ　81
3. ノーマライゼーション（normalization）理念の広がりへ　84
4. インクルージョン（inclusion）という広がりの中で　85
5. ダイバーシティ・インクルージョン（diversity inclusion）の新たな理念の構築へ　87

第7章　障害児保育の質の向上をめざして・・・・・・・・91

1．はじめに　91

2．ダイバーシティ・インクルージョン社会の進展　91

3．保育現場における対象児の多様性　92

（1）「気になる子」の基本的な子ども理解　93

（2）発達障害のある子どもの実態と支援　94

（3）外国にルーツのある子どもの実態と支援　95

（4）病弱・医療的ケアを必要とする子どもの実態と支援　98

4．園内での共通理解に　100

（1）インクルージョンについて　100

（2）ダイバーシティ・インクルージョンについて　100

（3）合理的配慮について　101

5．おわりに　104

資料　「平和」と戦災孤児・障害児者　・・・・・・・・・・106

あとがき　118

初出一覧　120

事項・人物索引　121

第1章　愛知師範学校における「幼児の教育」の端緒についての検討
－当時の校長・伊沢修二の構想について－

1．はじめに

　わが国において最初に附属幼稚園が開設されたのは、1876年11月、東京市本郷町湯島（現文京区大塚）にあった東京女子師範学校の敷地内であることは定説である。それは、平屋木造で、正面にはベランダ式の廊下のあるアメリカ建築で、遊嬉室のほかに4つの保育室（開誘室と呼んでいた）や園庭をもった建坪225坪の堂々たる建物であった[1]。

　それでは、なぜ幼稚園なのかという点については、大きな要因として、当時の文部大輔（文部次官）であった田中不二麻呂が、「八年女子師範学校を設立するや、翌年其附属として幼穉園に開設せり。元来海外各国に於ては私設とし、殊に米国の如きは富豪の徒之が為に資を投じて、規模の完美なるもの甚だ多く、子は其実況を視察して、頗る有益なるを認めたり[2]」と注目していた点をあげられよう。

　本章では、1876年以前の「幼児の教育」について、愛知師範学校での動向について調査することを目的とし、当時の愛知師範学校の校長時代であった伊沢修二の構想や活動に注目していくことにする。

2．伊沢修二（1851-1917）の尽力
　－多方面に渡っての近代教育の普及－
略歴[3, 4]
　　1851年　信濃国高遠　下級武士のもと生まれる。貧乏暮らし。
　　1861年　高遠藩校進徳館で学ぶ。
　　1867年　江戸へ。ジョン万次郎に英語を学ぶ。

1869 年	高遠藩の貢進生として大学南校（後の東京大学）入学する。京都遊学し蘭学を学ぶ。
1872 年	文部省に入省出仕し、次年度に工部省技師に移る。
1874 年	文部省に戻り、愛知師範学校の校長となり、教育家としての第一歩を踏み出した（24歳）。幼稚園のような構想のもと、唱歌や遊戯を教え、都度文部省に報告している。
1875 年	デイヴィット・マレーの唱歌遊戯を取り入れた教育が高い評価を受け、文部省の師範学校教育調査に推挙され神津専三郎、高嶺秀夫都とともにアメリカへ留学する。ルーサー・メーソンから音楽教育を、グラハム・ベルから音を目で視る方法の視話術（聾唖教育法）を学ぶ。口話法の有効性に注目する。 日本の音楽唱歌を欧米の音楽と同化させようと、目賀田種太郎とともに東京音学学校を創立する。
1878 年	日本の音楽教育の意見書を目賀田種太郎とともに文部大臣に提出し、音楽取調掛の設置を提言した。メーソンと協力して西洋音楽を日本に取り入れる。『小學唱歌集』を編纂する。 『蝶々』『ローレライ』『霞か雲か』などのドイツ民謡を教育現場に取り入れるとともに、音楽教育の近代化を図る。雅楽と洋楽を折衷し、旋律に第4度第7度があまり登場しない5音音階でつくられることが多かった。
1879 年	唱歌の作成・編纂と教師の養成を行う機関である音楽取調掛が文部省に設置され、初代所長となる。
1880 年	東京師範学校、東京女子師範学校の附属小学校、幼稚園の子どもに授業を行う。
1882 年	小学師範学科教職員講習を通じ、ペスタロッチ主義による

小学校教育法の普及を行う。
1886 年　教科書編纂に努め、文部省編輯局長となる。
1887 年　文部省音楽取調掛を改称して東京音楽学校を創立し初代校長になる。
　　　　貴族院議員となる。
1888 年　訓盲唖院を改称して東京盲唖学校を創立し初代校長になる。
1890 年　国家教育社を創設して、教育勅語の普及に努める。
1894 年　日清戦争後、日本が台湾を領有、台湾総督府民生局学務部長心得になる。
1899 年　東京音楽大学を高等師範附属学校より再び独立させる。
　　　　高等師範学校の校長となる。高等教育会議議員になる。
1903 年　吃音矯正事業に努め、社会福祉組織楽石社を創設する。
1917 年　脳出血で死去。享年 67 歳。墓所は雑司ケ谷墓地。

主な著書及び参考文献

　『教授真法』（1875 年）、『小學唱歌集』（初編 1881 年、第 2 編 1883 年、第 3 編 1884 年）、『学校管理法』（1882 年）、『教授学』（1883 年）、『視話法』（1901 年）など多数ある。たとえば、わが国最初の学校用歌唱教材集である『小學唱歌集』には「仰げば尊し」が収録されている。なお、その他参考文献には、『伊沢修二選集』（1958 年）、『伊沢修二』（1962 年）、『伊沢修二・伊沢多喜男』（1987 年）、『楽石自伝教界周遊前記／楽石社伊沢修二先生』（1988 年）、『国家と音楽：伊沢修二がめざした日本近代』（2008 年）などがある。

　追悼の辞で時の文部大臣の岡田良平は、伊沢を「開拓的教育家」と称

して、「明治初年の師範教育から音楽教育、体操教育、聾唖教育、降っては植民教育、国家教育、吃音矯正等、今日の教育上における各種の事業には、大抵、故君が関係するか或は単独で之を創立せられたのである[3]」と評している。多くの位階、勲章等の栄転・受賞がある。わが国に近代的な学校教育を構築するため、先頭に立って奮闘していたことが理解できる。ジャンルを超えて、生涯教育者としてあり続けた。

3．愛知県女子師範学校附属幼稚園の創設時期について

　名古屋市教育委員会刊行の『名古屋教育史Ⅱ　教育の拡充と変容〈大正後期～戦時中〉』をみると、愛知県女子師範学校附属幼稚園の所在地名古屋市、開設年月大正十四年（1925年）四月となっている[5]。筆者が2012年4月から2014年3月に渡って、同幼稚園（現国立大学法人愛知教育大学附属幼稚園）の園長を務めた際にも、園内資料で開設年月日を確認してきた。同幼稚園においては「赤いお屋根に広い窓・・・」という園歌が伝え歌われてきた経緯が確かにある。この大正年間においては名古屋市内で幼稚園と称する施設はほんの一握りであった。

　その大正期の幼児教育政策としては、「幼稚園令」（1926年）及び「同令施行規則」「幼稚園令及施行規則制定の要旨並びに施行上の注意事項」の制定・公布に注目できよう。この内容をみると、幼稚園令では幼稚園が他の学校と同じように、勅令レベルで認められたこと、保育の目標－心身の健全な発達、善良なる性情の涵養及び家庭教育を補うこと、園長資格・「保母」資格を規定したこと、同施行規則では保育内容を遊戯、唱歌、観察、談話、手技といった保育5項目としたこと、標準規模を保母ひとり当たり40人、総計120人をしたことに特徴があった。

　よって、時期的な点からも愛知県女子師範学校附属幼稚園の幼児教育は、上記の国の政策のもとに実施されたことは明白である[6]。

　なお、愛知県内で最初に「幼稚園」の名称がつけられたのは、1888年

創設の私立の愛知女学校附属幼稚園である。

4．伊沢の「幼児の教育」構想についての諸見解

　伊沢は多岐にわたる職歴の中で、まさしく先駆的な「幼児の教育」を構想していた。ここではその構想を紹介する[6]。構想としたのは、愛知師範学校の校長時に子どもを目の前にして実践を行ったかどうかは検証されていないからである。筆者も愛知教育大学附属幼稚園の園長時に当時の資料がないか調べたが残念ながら見つけることはできなかった。

　第一に、「伊沢修二の愛知師範学校における試みは、厳密な意味では幼稚園教育とは言えないとしても、幼児教育の歴史上見のがすことができないものである[7]。」と愛知県教育委員会発行の『愛知県教育史』には記されている。

　新海英行や丹羽孝は、「伊沢が愛知師範学校校長当時に、幼児教育に大いに関心をもち、その具体化に努めたことは知ることができるが、その実際については未だ確認できていない。しかし、明治初期に、愛知県においてこのような幼児教育構想が出されていたことについては高く評価できるだろう[8]。」と指摘している。

　さらに、上沼八郎は『伊沢修二』（1962年）の中で、南校時代にフルベッキより、後述の『児童論』という本を贈られている。この内容は、フレーベル主義の幼稚園に関するものであった。また、本書のほかにも、文部省が欧米から取り寄せた多くの教科書を通読して、フレーベル主義やペスタロッチ主義など欧米の教育思想に精通していたと指摘している。この『児童論』やドイツ人クリューゲルの理論を参考にして、独自の見解をまとめたのが『新授真法（初編）』（1875年10月刊行）であった。ここには「早期教育による人間精神の育成にとって必要な、教師の自覚と責任を説き、『実物課』をはじめとする各科教授法についてのべている[9]」。さらに、「師範学校の付属機関として幼稚園風のものを設け、

ここではじめて唱歌と遊戯を教えた。・・・唱歌にしたりして、遊戯にそえて実験し、体操時間に師範生たちにも試みた。・・・こうした幼稚園や唱歌遊戯の実験報告を、伊沢はそのつど文部省に報告し、これが当時の官報というべき『文部省報告』や、『文部省雑誌』などに掲載された[9]」。このように翻案風に記述されたもの、幼稚園風、師範生たちを対象という記述、実験結果という記述より、構想の範囲だったと思われる。なお、幼稚園風という記述は、『幼児の教育』第79巻第2号（日本幼稚園協会刊行）の「ルソーの夢」(pp.6-12)でも紹介されている。

『日本幼児保育史 第1巻』[10]によると、1874年に出した学事報告には「幼年教育のことを述べ、保育施設には触れておらず、下等小学（1年-4年生）の教科の内容として、「蝶々」の歌を教えたことを言っている。」とされている。

ただし、この『日本幼児保育史 第1巻』の9章のテーマが「疑問の多い伊沢修二の保育施設（明治六年）」となっているように、伊沢が附属小学校と別に幼児保育施設を作ったのか、その実際については明確な確認ができていない。明治初年頃から大正末期までの幼児保育施設の実際の資料が見当たらないことから、構想の域であったととらえた方が妥当であると考えられる。

一応、伊沢が1873年に愛知師範学校に幼児保育施設を設けた事が、『日本の小学教師』、第97号、p.1に書かれている。このほかに、1907年発行の『京阪神聯合保育会雑誌』、第19号に「幼稚園の一新紀元」と題する論説を掲載して、「明治六年に愛知師範学校においてその端緒を開いた」という記述もある。『日本幼児保育史 第1巻』には「入沢宗寿の『入沢教育辞典（昭和七年発行）』には、同七年三月歳二十四にして愛知師範学校長に任ぜられる。当時『新授真法』なる書を著はす。同校の付属事業として幼稚園を作り、そこに於て初めて唱歌を教授した[10]」と記されている。『世界大百科事典2版』の「伊沢修二」でも「74年愛知師範

学校長、付属幼稚園で唱歌遊戯を試みる[11]」とあるなどの諸見解があることも付記しておく。

　本格的な幼稚園の成立は明治二十年代後半（1890年代）以降とされている。それ以前は、幼児の教育は「家庭」の仕事であって、文部省はそのために「うひまなび」「ちゑのいとぐち」等の教養書を出版したり、1882年には宮内庁の元田菜永孚による『幼学綱要』を頒布したりしていた。

5．愛知師範学校・伊沢の「幼児の教育」構想

　公教育としての幼児教育は1872年に公布された学制の中で「幼稚小学」という名称が登場するのが初めである。そこには「幼稚小学ハ男女ノ子弟六歳迄ノモノ小学ニ入ル前ノ端緒ヲ教フルナリ」と規定されていたものの、実現されることはなかった。これは、『幼稚園教育百年史』（文部省、1979年）によれば、仏国学制の「育幼院」を模して、形式的に条文としたことにとどまったとされる[12]。当時は小学校の開設に重点が置かれ、就学前の幼児教育施設にまでは及ばなかったのである。実際に設置されたのは1875年の京都の柳池小学校「幼稚遊戯場」（1年半ばかりで廃止）や1876年の東京女子師範学校附属幼稚園が全国的に有名である[14]。この時初めて「幼稚園」という名称が使用され、その後のモデル園としての役割を果たし発展の基礎が築かれた。そこで行われた保育の内容と方法は、関信三や松野クララなどによって紹介されたフレーベルの教育法によるものであり、恩物がその中心であった。

　本章では、それ以前の伊沢の愛知師範学校を念頭において、唱歌や遊戯を授け、「幼児の教育」を試みた構想に注目している。伊沢の試行に関しては、愛知県教育委員会発行の『愛知県教育史　第3巻』（1973年）に紹介されているので、少し長くなるが引用しておく。

　「伊沢はフルベッキ（G.F.Verbeck、1830-1893）から贈られた『ゼ、チャ

イルド（児童論）』（マチルダ・H・クリーゲ著、1872年刊行）により、フレーベル主義の幼稚園を知り興味をいだいていた。そこで明治七年三月に愛知師範学校長に就任するととともに、幼児教育の試みを実施したのであった。彼は自伝に『師範学校の一事業として、今日の幼稚園に似た仕事をした。すなわち幼い子供を集めて遊戯唱歌を教へたのであって、今日全国に唱はれる蝶々の歌（小學唱歌集初編）の詞は、この時に出来たのであった』と記している。」ここでは、幼稚園に似たという表現、幼児教育の試みという表現になっている。

　愛知師範学校での伊沢の試みは、1875年2月に文部大輔田中不二麿宛に提出された愛知師範学校年報（文部省第二年報所収）に記述されている。同報告は、「将来学術進歩ニ付須要ノ件」の中の第一に「唱歌嬉戯ヲ興スノ件」をあげ、幼年期の教育にとって唱歌と嬉戯（遊戯）が重要不可欠のものであることを指摘した。さらに、「今吾輩西洋ニ於テ著名ナル教育士フレーベル氏其他諸氏ノ論説ニ従ヒ先本邦固有ノ童謡ヲ折衷シテ二三ノ小謡ヲ制シ日ヲ累ネ年ヲ積テ大成全備効ヲ奏センコトヲ期セリ」と述べて、唱歌と遊戯の具体例を示している。

　今後の幼児教育には、唱歌と嬉戯の折衷草案することが必要であると提案されている。そこには、椿・胡蝶・鼠の例が示されているが、胡蝶については次の通りである。

　「胡蝶
　蝶々蝶々。菜ノ葉ニ止レ。菜ノ葉ニ飽タラ。桜ニ遊ヘ。桜ノ花ノ。栄ユル御代ニ。止レヤ遊ベ。遊ベヤ止レ。

　技態
　右ノ手ト右ノ手トヲ執替ハシテ向背相反シ両児ヲ一蝶トナス凡十五名ニ一羽三十名ニ二羽ホトヲ度トス衆児ハ互ニ手ト手トヲ引合ヒ一大圜ヲ造リテ輪走ス彼蝶ハ私転シナカラ圜外ヲ公転ス圜児ト蝶児トハ逆旋スヘ

シ二羽ナラハ左右ニ位シ四羽ナラハ四隅ニ位シ一斉ニ唱吟シ出ルヲ期シテ転旋ヲ始ムヘシ且謡ヒ走リテ結句ノ止レト云フ詞ト共ニ出遇フ所ノ園児ノ執合ヒタル手ヲ執フヘシ執ハレシ者ヲ再度ノ蝶トス

地球ノ自転シテ太陽ヲ周回スルニ傚フ地動説ヲ教フルニ及ンテ比喩ノ一助タランコトヲ要ス（以下略）[15]」。なお、「蝶々」は、愛知師範学校の同僚の教師だった野村秋足に地域の民謡をもとに作詞を命じたものと言われている。

伊沢は、『愛知師範学校年報』（1875 年 2 月 26 日付）において、「将来学術進歩ニ付須要ノ件　唱歌嬉戯ヲ興スノ件」として「幼年教育上唱歌ノ必欠ク可カラサル要旨ノ概略ヲ、第一、知覚心経ヲ活溌ニシテ精神ヲ快楽ニス、第二、人心ニ感動力ヲ発セシム、第三、発音ヲ正シ呼吸ヲ調フ。[10]」をあげている。

さらに、「唱歌ハ精神ニ娯楽ヲ与ヘ運動ハ支体ニ爽快ヲ与フ、・・・年歯幼弱筋骨軟柔ノ幼生ヲシテ激動セシムルハ其害却テ少カラスト[10]」と、唱歌とともに運動の有効性にも注目している。ここには、歌に合わせて体を動かすといった点への着目があった。唱歌の点も「著名ナル教育士フレーベル氏其他諸氏ノ論説ニ従ヒ本邦固有ノ童謡ヲ折衷シテ[10]」という独自案を提示している。

6．おわりに

本章では、「幼児の教育」の端緒について、愛知師範学校での伊沢の構想を述べた。かなりの書籍や資料を再検討したが、やはり、附属幼稚園の存在はなかったように考えられる。

欧米の唱歌や遊戯、そしてからだを同時に動かす運動をわが国に紹介した点は大いに評価できる。まさしく近代的な学校教育づくりの先駆的事業であった。

ただ、わが国の最初の幼稚園が東京女子師範学校とする定説があるゆ

えに、それ以前の伊沢のような活動があったことは忘れ去られるのかもしれない。筆者は、本章のように、短い期間であるが伊沢の愛知での尽力を再評価することもあってよいと考える。歴史の全体像を見る視点の重要さである。

　愛知師範学校創設の1874年12月の『文部省雑誌』、第27号をみると、「米国教育寮年報抄訳・幼穉園ノ節（キンダルガルテン）」で、遊戯の意義について述べている[16]。もちろんフレーベル主義の翻訳であるが、「鄙野ノ悪習」から守るとともに、「有益ノ遊嬉」をなさしめる結果、「人ヲ敬愛スル」ことを学び、「能ク良心ヲ以テ其情慾ヲ制スル」ことのできる子どもの養成を掲げている。これは、今日的な言い方をすれば、遊びにおいて社会性を育てるといった指摘になる。伊沢の「幼児の教育」構想には、今に通じる先駆的な意義があったことを最後に指摘したい。

注
1)　宍戸健夫「幼稚園の誕生」（青木一、深谷鐄作、土方康夫、秋葉英則『保育幼児教育体系　第5巻 10』、p.109、1987年、労働旬報社）。
2)　田中不二麻呂「教瑣瑣談」（『開国五十年史』上、p.733、1907年、開国五十年史発行所）。
3)　北沢清司「伊沢修二」（精神薄弱問題史研究会『人物でつづる障害者教育史　日本編』、pp.40-41、1988年、日本文化科学社）。
4)　東京藝術大学「年表でつづる、大学の"始まり"物語　伊沢修二」（2021年、大学事始編纂室）。
5)　名古屋市教育委員会『名古屋教育史Ⅱ　教育の拡充と変容〈大正後期～戦時期〉』、p.248、2014年、名古屋教育史編集委員会。筆者も編さん助務者として執筆に携わっている。
6)　国立大学法人愛知教育大学の前身は、愛知教育大学のホームページの大学の沿革にもあるように、1873年に名古屋久屋町一丁目に開校した愛知県養成学校に始まる。正規の小学校教員の養成をし、学制の規定に基づく新しい教育を普及させることに目的があった。伊沢が就任していたのは官立愛知師範学校である。修学年限2年、20歳以上、30歳以下、

試験は、学力と並んで教師としてふさわしい身体・性質を有することが入学の条件とされ、人物判定が重視されている。（吉永昭『愛知県の教育史』、pp.232-233、1983年）。財政的事情と政策の変化により、東京を除き、各大学区の官立師範学校は100名近い卒業生を出し1887年に廃校している。そして、愛知師範学校の施設や設備は、愛知県師範学校に引き継がれた。この点については、愛知県教育委員会『愛知県教育史 第三巻』（pp.358-359、1973年）や愛知教育大学初等教育養成課程幼児教育系（新井美保子研究室）の水谷亮詞の「草創期の幼児教育について－愛知師範学校附属幼稚園を中心に－」（平成15年度卒業研究）で指摘されている。

7) 愛知県教育委員会『愛知県教育史 第三巻』、p.834、1973年、愛知県科学教育センター編さん事務局。
8) 名古屋教育史編集委員会『名古屋教育史Ⅰ 近代教育の成立と展開』、p.366、2013年、名古屋市教育委員会。
9) 上沼八郎『伊沢修二』、pp.47-54、1962年、吉川弘文堂。
10) 日本保育学会『日本幼児保育史 第1巻』、pp.58-61、1973年、日本図書センター。
11) 『世界大百科事典』第2版「伊沢修二」（1998年再版、平凡社）。
12) ウィキペディア Wikipedia（フリー百科事典）「伊沢修二」。
13) 文部省『幼稚園教育百年史』、pp.34-35、1979年、ひかりのくに。
14) 文部省『学制百年史』、pp.198-199、1972年。
15) 前掲書（7）pp.833-834。
16) 宍戸健夫「教育としての遊戯」（青木一、深谷鋪作、土方康夫、秋葉英則『保育幼児教育体系 第5巻 ⑩』、p.113、1987年、労働旬報社）。

伊沢修二（1851-1917）

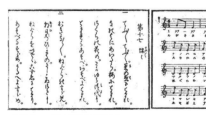

「蝶々」（『小學唱歌集』）
出典：国立国会図書館デジタルコレクション

第2章　幼児教育雑誌『婦人と子ども』『幼児教育』に記載された児童保護問題の検討

1．はじめに

　『婦人と子ども』と題した雑誌が創刊されたのは 1901 年である。1896 年に発足した東京女子高等師範学校附属幼稚園内フレーベル会の月刊機関紙として創刊された。後に『幼児教育』と改題され現在に至る。その創刊目的は、「我國教育界刻下の急務」である「児童教育法の研究」「婦人教育殊に母としての婦人教育の普及」「家庭に向って好個の讀書材料を供給」[1] することに貢献するためであった。創刊時の編集者は東基吉である。

　その後、編集者が 1908 年から和田實にかわり、1912 年から倉橋惣三になった。1919 年に雑誌名が『婦人と子ども』から『幼児教育』に改題された。なお、『幼児教育』誌は、現在でも同名の季刊誌として日本幼稚園協会（お茶の水女子大学附属幼稚園内）から刊行されている。

　ところで、近年の幼児教育史に関する諸研究の整理に関しては、宍戸健夫、湯川嘉津美の代表的な研究をはじめ、長江侑紀らの研究にも注目できる。その長江らの先行研究では、近現代日本の保育史研究のうち幼稚園、保育所の保育に関する研究を中心に取り上げ、「保育の通史・総説」「保育の人物・思想」「保育制度・政策」「保育のカリキュラム・実践」「保育者」「海外の保育の受容・交流」「保育のメディア・文化」の 7 領域を設定して研究の動向と課題を整理している[2]。

　ところが、「今回は、紙幅の都合で近世以前、家庭教育、子育て意識、子ども観、特別支援、児童保護、海外の保育は検討の対象から外した」と言及されるように、本章で扱おうとする障害児、貧困児、病虚弱児、栄養不良児などの今日的に言う「特別なニーズのある子ども」や「気になる子」は先行研究においては研究対象外となっている。そのため、本章

では、明治期から大正期に公刊された著名な幼児教育雑誌の『婦人と子ども』『幼児教育』の中で通常の子ども（健常児）以外がどのように取り上げられていたのかという児童保護問題の歴史的な検討を行う。そのため下記の整理・分析視点を設定し、幼稚園以外の児童保護施設にも注目して、そこでの対象児、保育方法の内容と成果、当時の最先端の児童問題についての関連学問の紹介などのまとめを試みる。

2．整理・分析視点について

　たとえば、障害児の歴史研究の史料の検討視点として「①創設者などの保護・教育思想、②対象者、③従事者、④財政・経営、⑤建築計画、⑥保護・教育方法、⑦地域社会との関係、⑧行政・政策」[3]などがある。

　本章では、この視点をモデルとしつつ、整理・分析を行った。上記の視点で整理された史実を相互に関係づけ、総合化する作業が研究の一層の発展に寄与し、同幼児教育雑誌の学問的に重要な意味づけとなってくることは承知している。ここでは、総合化するとまではいかないものの、限定的という課題をもちながら、関係する記述を取り上げて当時の動向をまとめることとする。

3．整理・分析視点のまとめ
（1）創設者などの保護・教育思想

　「盲啞教育の起源」[4]と題して、小西信八（1854-1938）による記述がある。小西は、1896年に盲児、聾児、精神薄弱児、貧児の教育研究のために、欧米に派遣されている。この時得た海外諸知識見聞が、後の教育理論や諸活動の源となっている。1893年に東京盲啞学校長に1910年に東京聾啞学校長になっている。雑誌では、わが国には、耳の聞えぬ目の見えぬ者の為には一つの幼稚園もないとして、盲人教育の祖のルソー、啞人教育の祖のドレーテの教育観を紹介しながらその設立の必要

性を説いている。

　「二葉幼稚園」[5]と題して、野口幽香（1866-1950）らが紹介している。
　野口は、1900年に森島美根とともに貧困家庭の子どもたちのために二葉幼稚園を設立した。1906年に三大貧民窟のひとつの東京・四谷鮫河橋に移転し、本格的な貧民幼稚園の始まりとなる。雑誌では、現在の状況として、①現在幼児数及父母職業、②幼児及家庭の状況、③病児取扱、④クリスマス、⑤親の会、⑥幼児の貯金、⑦寄附に対する希望を報告している。①では父親の職業は車夫が、母親の内職は巻煙草が大多数を占めている。②では母親が精神病や死亡、衣食の欠乏、蚤や虱の多い住居などがあり、③では木澤敏の常時の施療があった。

　「異常児童の話」[6]と題して、富士川游（1865-1940）が執筆している。
　富士川は、教育病理学の分野の開拓者とされ、非常に多くの雑誌に異常児の啓蒙的な論考を書いたところに特徴がある。白痴・低能児問題が明治後半に顕在化していく過程での論文として評価できよう。雑誌では、乙竹岩造、呉秀三、三宅鑛一、榊保三郎らの著名人をあげた後、①智力異常、②性格異常（感情と意志の異常）の二側面に分類している。特に、小学校だけでなく幼稚園の子どもの中にも大分いること、異常児童は、取扱う人が早く見付けて、さうして相当の取扱をする必要があることを力説している。

　「白痴教育者セガン」[7]と題する記述がある。セガン（1812-1880）は、近代精神薄弱児教育の確立者として位置づけられる。フランスでイタールの指導を受け、アメリカに移ってからは生理学的教育の理論と実践を展開していった。ここでは、①彼の生涯、精神、事業、②彼の教育原理、③筋肉の教育、④感覚の教育を取り上げている。特に、②では欠陥児教育は特殊なものではなく、普通教育と同じ目的を有し、方法も普通の方法を精神的欠陥あるものに応用するに過ぎないとしていることから、人間教育としての普遍性を探求していたと評価したい。身體の活動を最重

第 2 章　幼児教育雑誌『婦人と子ども』『幼児教育』に記載された児童保護問題の検討　25

要視している。次に手の訓練、眼、唇、舌、指という器官の運動に移っていく順序性を説いている。④では五感が鈍い特徴をあげ、たとえば、図表、絵書による注意を惹き起さしめという方法論は今日の視覚入力の有効性に通じる視点である。最後にセガンが刊行した 2 冊の書物を紹介している。

　「聾啞児童について」[8] と題して、小西信八が東京聾啞学校長の職にあったとき、同校の調査結果を資料として掲載している。①開校以来生徒失官原因表、②開校以来両親婚別生徒失官原因統計表、③卒業生結婚及産児、④卒業生死亡一覧についての、①②は 1918 年 4 月まで、③④は同年 3 月までの調査である。①では生来が多数を占め、次に脳膜炎、脳病、脳打撲の順となっている。

（2）対象者

　「女子高等師範学校附屬幼稚園分室」[9] と題して、「幼児全数 50 名の内普通の者を除き、或特徴ある者、特異なる心身の状態を有する者、其他注目すべき者を掲げ」として、8 人の実態を列挙している。「発達普通何事にも一諾の下手技は面倒くさく」、「才智は廻り過ぎる位だが鋭敏怜悧にして感情家」、「聽覺鈍かりし知力の発達著しく普通よりも遅れたり」、「ひとり親のため何事をも悲観する傾きあり」、「離婚家庭のため常に不愉快不満、感情の發達圓滿を欠き穏ならず怒りすねること多し」等の事例が出てくる。分室には、今日的に言う「気になる子」や発達障害の幼児がいたと思われる。

　「孤児教育の一班」[10] と題して、樂天子の執筆がある。現況では、大阪の汎愛扶植會、新潟の慈悲喜捨團、岐阜の日本育児園、北海道の山谷孤児院、相模の小児保育院、東京の帝国孤児院、大阪聖約翰學院、東奥盲人教訓會、防長婦人相愛會、神戸孤児院、東京育成会、神戸學習院、山陰慈盲家庭學園、高知育児院、大阪孤児院、播磨慈善會育児部の団体

が孤児を官私立學校に通学せしめ、中等教育を授け、若しくは団体院内に於て同程度の教育をなし居るに過ぎず、百余の団体があるもののその不完不備を指摘している。

　「白痴の教育」[11] と題して、石井亮一（1867-1937）の記述がある。

　石井は1891年の濃尾大震災を契機に、孤女学院を設立し、新しい展開として滝乃川学園におけるわが国最初の白痴教育の実践と研究にあたった。白痴への主な対応が放置と切り捨ての時代に白痴教育を開始した点は未来を先取りしていたと評価できる。記述では、白痴の原因を先天性と後天性に分けた後、①生来の白痴、②小頭性白痴、③水腫性白痴、④急癇性白痴、⑤癲癇性白痴、⑥麻痺性白痴、⑦外傷性白痴、⑧燉衝性白痴、⑨脳硬化性白痴、⑩梅毒性白痴に分類し、その特徴を述べている。また、白痴の度合を極度と程度に分け、低度の白痴は教育さへすれば或る程度までは進歩するという、教育の可能性を指摘している点に注目できよう。

　「虚弱児童の鑑定」[12] と題して、伊藤医学博士が執筆している。

　児童身体の虚弱であるか強壮であるかを検するには、①胸囲、②身長、③体重の大小に因って定まる。加えて、体質の如何に依つても虚弱と鑑定せざる得ないとしている。

　「強い子弱い子」[13] と題して、赤坂区早蕨幼稚園松田清が執筆している。２事例で、①男児で上級の幼児を自分一人で動かしてると云つてもよい位我ままのし放題、②男児で内気で臆病で毎日登園しても自由遊戯（外遊）の時は何もいたしません、他児の遊びを見やうともいたしません。家庭以外に一歩をふみいだすともう何もかも不愉快で居るといった「気になる子」の報告がでてくる。

　「問題のこども」[14] と題して、①乱暴な太郎さんを横濱小學校附属幼稚園保姆坂口けいが、②智能の特に優れた子を福島幼稚園保姆須戸トミが、③いろいろの子供を名古屋市立第一幼稚園保姆坪内キクが、④剛情

で共同心の乏しき子を東京市坂本小學校附属幼稚園保姆和田くらが、⑤落ちつかない子を京都市生祥幼稚園保姆姫宮うめのが執筆している。今日的に言えば、知的障害、高機能自閉症、他害、落ち着きがなく軽度の知的障害といった特徴を読み取ることができる。ただ、教育上特殊児童の研究は、その特殊児童の教育のために必要なことであるのではなく、普通児教育の上に、非常に参考になるものである。普通児童に於ては気もつかずに済む教育上の種々の要点が著しく気づかるるとまとめている点は問題行動のある子どもたちから学ぶ姿勢として評価したい。

「病的の虚言」[15]と題して、富士川游の記述がある。教育病理学者の富士川は、病理的虚言を取り上げ、精神の異常、又は異常と健康との境界にあるもので、ヒステリー、癲癇、精神病的低格者、精神薄弱者に多く見られると説いている。教育では、①観察を明確にすること、②記憶を再現すること、③陳述を正しくすることを肝要とするとしている。

「盲児幼稚園」[16]と題して、伯林市ナウニン街に欧州最初のものにして、恐らくは全世界に於ける此種の設備の嚆矢たるべしと報告している。最初は往々全く痴鈍の小児も、著しく迅速に発達し、精神も活発になるを観ると新保護施設の普及を期待している。わが国においては、学齢前に於ける此不幸のものに対しては未だ何人も着手せざる所なりきとして、盲児への普及を新保護施設として力説している。

「發作的に動作する子供」[17]と題して、寺田精一（1884-1922）が述べている。寺田は大正時代の犯罪心理学者であり、『児童の悪癖』などの著書がある。ここでは、動作にむらがあり、甚だしく喜び、或時には烈しく憤怒の情を起こす幼児をあげている。特に思春期になって突発的に且不治なる程度に於て、発病したやうに観られることが少なくないことより、幼児期に於ける此の種の傾向の観察並に適当なる処遇は最も肝要なことであるとしている。また、幼稚園や学校、家庭での注意事項についても触れている。

（3）関係機関の紹介

「東京市養育院を観る」[18]と題して、ひさ子の執筆がある。同院は孤児及窮民を救育する所で、入院規則は、「①２年以内市内ニ住居シ獨身ニテ廃疾不具心神耗弱及老衰ノ為生活ノデキヌ者、②獨身デナクトモ病氣其他事故ニ由リ一家生活ノデキヌ者、③重傷ヲ受ケ頼ル所ナキ者」となっている。当時の対象人数は789人（子供373人、大人416人）である。組織として、①幼童室・幼稚室・幼女室、②幼稚園、③小学校、④感化部、⑤女健康室、⑥女病室、⑦幼童病室、⑧男病室、⑨家庭教場、⑩会堂及佛殿となっている。特に、幼児期の対応にも力が注がれていた様子を執筆内容より察することができる。基本的には、健康室という名称は出てくるものの、廃疾、不具、心神耗弱、老衰が対象であった。

「東京市養育院感化部」[19]と題して、ひさ子の執筆がある。前論の④の詳細を記したものである。入院規則は、「①満８才以上16才未満ニシテ扶養義務者ナキ惡化ノ虞アルモノ、②満８才以上16才未満ニシテ放逸又ハ不良ノ行為アリテ扶養義務者無資力ノ爲之ヲ矯正スルコト能ハサルモノ」となっている。当時の対象は45人の浮浪少年である。心意上の特徴として、「自利心強く、虚偽に巧に、理性乏しく、感情常に動揺し、意志薄弱で、注意力乏しく、忍耐する能はず、猜疑の念に満ちて居る」をあげている。感化の方法は種々あるものの、至誠と仁愛を根底としている。罰はなるべく避けて賞の方を多く用する事にして居る。

「東京孤児院の新築」「東京感化院」「白痴の原因」[20]と題しての記述がある。孤児や感化児や白痴児を対象としている点から、短い紹介ではあるものの取り上げておきたい。特に、白痴の原因は、英国の名医某の調査を引用して、①誕生前の原因、②誕生時の原因、③誕生後の原因に分類している。

「女子高等師範學校附屬幼稚園分室」と「市川君の批評に答ふ」[21]と題する記述がある。後者は東基吉（1872-1958）の執筆による。東が

1900年に東京女子師範学校助教授に転じて幼稚園教育研究に従事した頃の記述である。保育の方法及成績の大要では、「①意育情育に力めて之が實行を期し、惡徳不良の習慣を矯正し、②愉快、協同一致の有力なる事を知らしめ、③年齢の異なる幼児の集合としては、家庭に於ける兄弟長幼の關係の如く、④知育に関しては積極的に知力の素地を培はん事としている。」たとえば、①については、「良感化と訓練を與ふる能はず、此の1年保姆の手の足らざりし爲、手の届かぬ如何にも多く」と課題を明らかにしている。分室ゆえに下等社會に育つが爲の子どもも混在していたことを読み取ることができる。後論は東のわが国最初の体系的保育論と称される著書『幼稚園保育法』（目黒書店、1904年刊行）への学友の市川からの批評への回答である。わが国の黎明期の幼児教育についてのやりとりでもある。東は、同書の中で、知識教育に偏重した幼稚園を批判し、知識注入主義が幼児の正しい発達を阻害するものであると指摘している[22]。さらに、子どもの遊びに注目し、形式的恩物主義保育から、幼児の自主的活動を中心とした保育への転換を訴え具体的に遊戯論を展開した[23]。

「幼稚園教育界の二大急務」[24]と題して、①簡易幼稚園の普及、②保姆養成機關の必要を報告している。①では、母も働かなければならない者が多くなってきている状況下、細民の家庭のために設けられたる特殊慈善家の事業をいうものではなく、特殊ならざる普通の幼児教育場も社会当然の必要である。そして、幼稚園は大都会だけでなく、町立、私立にもまだ極く少数であることを指摘している。兎も角適当な遊び相手もないとか、遊び場所もないとかいう子供達の爲に簡易幼稚園の普及は、時代の大いなる要求であるとしている。②では、幼稚園という学齢前の教育が、如何なる特別なる智識と技能とを要するかということから、特別なる養成機關が必要であり、少くとも1年の講義と実習とを与へると指摘している。

「大阪市立児童相談所を訪ふ（一）」[25]と題して、一会員の執筆がある。同相談所は、1919年7月に大阪南区官津町357番地に竹村一所長のもと開所している。「児童ト称スルハ20歳以下ノ男女ヲ、特殊児童ト称スルハ①甲：身體薄弱児童、②乙：精神薄弱児童、③丙：精神低格児童と分類している。其の來意によって、醫學的相談、教育的相談、家事的相談を相談係（醫員、教育員）が実施している。」その他には訪問係と事務係の計3者が事務分掌となっている。母親ノ教養ニ関スル事項と研究と調査、児童ノ教養ニ関スル相談と研究と調査が職務となっている。

「大阪市立児童相談所を訪ふ（二）」[26]と題して、続報がなされている。ここでは、個性診査票に応じて一人ひとりへの個人的指導を考えていたことがうかがえる。第一面として、①姓名、生年月日、現住所、②主訴、③遺伝（父系、母系）、④既往歴（胎生期、乳児期、幼児期、学齢期、青年期）、⑤過去ノ生活状態、身体的精神的（幼児期、乳児期、学齢期、其後）、⑥主訴ニ関シテ　陳述（保護者、児童、学校側）が回答できるようになっている。第二面として、①現在症候（身體的方面、精神的方面）、②智力検査、学業調査、③処置及び経過となっている。今日的に言えば、個別の教育支援計画のようなライフステージ支援、家庭・幼稚園・学校・医学面からの調査といった点で先駆的なものを考えさせられる。

（4）保護・教育方法

「云うことを聞かぬ子どもに就いて」[27]と題して、当時の編集者の和田實（1876-1954）が記述している。どこの幼稚園にも一割は特別児はいるものであり①教育の目的、②教育の方法をまとめている。①では、「難易の程度があるので、一から十まで悉く教育者の目的通りに能く出来るものではない。教育者の目的に遠くて希望する所に多くの點に副はぬと云う様なものもある。」②では、「目的は頗る嚴格に維持し、漸次子どもの個性を觀察した上は之を其方法中に採り入れて、方法を盡くして

第 2 章　幼児教育雑誌『婦人と子ども』『幼児教育』に記載された児童保護問題の検討　31

其衝突を避けつつ教育の目的を達する」と説いている。特別児にあたっては臨機応変の処置を巧みに採る必要がある。幼稚園の先生は、普通児や優秀児も同時に教育するが、感化院や白痴院の先生とは異なる所とも言っている。和田は、自発的な遊びを誘導する保育を提唱し実践した人物であり[28]、現在の遊びを通した保育の先鞭をつけた。また、『幼児教育法』(中村五六との共著、東京堂、1908 年)、『実験保育学』(東京教育専門学校、1932 年)、『保育学』(日本保育館、1943 年)、幼児教育関係雑誌に多くの論考を発表している[29]。

　「児童救済事業と婦人」[30]と題して、小河滋次郎(1864-1925)が執筆している。小河は、監獄制度の改良の後、大阪府での方面委員(現在の民生委員)制度の創設者として知られる。ここでは、貧児、癈疾児、低能児等の児童救済をなすべきと強調している。死産者や初生児の死亡率の多さ、不良少年の増加に注目しつつ、幼稚園の増加はともかく、孤児院養育、貧児のための夜学校などの整備を呼びかけている。救済事業の事実上の中心は婦人の力に待たなければならないとし、つまり、社会事業への女性の進出に期待を寄せていたと評価したい。その救済事業の原動力は信仰と慈愛にあるとしている。

　「失明児教育上の心得」[31]と題して、東京盲学校から報告されている。「①明者を取扱ふと同様とした上で、手を使ひ得るに至らば各種の玩具、談話、唱歌、音響のある玩具、②歩行、③各室から全家屋内から庭園屋外を歩行、④衣食、⑤悪習慣を除かん、⑥明者と共に遊ばしめ、運動、⑦空間竝に距離の観念、觸覺の發展、⑧家事上の仕事、⑨愉快に充ち、⑩記憶を練習、⑪盲學校に入學、⑫身體虚弱が多く、治療を怠らず」としている。

　「貧児保育の話(一)」[32]と題して、二葉保育園徳永恕子による紹介がある。同園は 1900 年に開設、1906 年に四谷鮫ケ橋に移転、1916 年には二葉幼稚園から二葉保育園に改名し、さらに、新宿南町に分園を設

置している。今度は純救済事業として内務省の所轄に帰することになった。ここでは、貧民窟での荒れた、不衛生な日常生活を述べた上で、概則をあげている。「①３才前後より學齡迄の貧民の子供を保育、②保育は遊戯、唱歌、談話、手技など、③時間は午前９時から午後４時迄、但し家庭の事情により早朝と延長がある、④休みは日曜日、大祭祝日、冬休、夏休、⑤入園申込、⑥定員は本園300人、分園150人位まで、⑦保育料はなし、⑧毎月二囘の親の會」となっている。

「貧児保育の話（二）」[33]と題して、前論の徳永によって銀三という子の事例報告がなされている。今では、鮫ケ橋小学校へ通学しているが、園の仕事を手伝はせて居たりしている。貧民窟の親達は子供の教育なぞといふことに就ては全然思を致して居りません、より多くの仕事をさせてというのが通念である中での苦労した教育の様子である。

「改造運動の根本問題」[34]と題して、三田谷啓（1882-1962）が執筆している。三田谷は医師として終生児童保護に携わったが、その他、治療教育学の実践、母子保護の啓蒙と実践などがあげられる。彼は一個人として特殊教育に貢献しただけでなく、それを行政ベースにのせようとしたことにより多くの功績がある。ここでは、①家庭に於ける母親の保護、②家庭に於ける子供の教養、③不合理な育児法を指摘している。①では、「母親は身體と精神を十分保護されて生活し強い子供を生むといふ權利と子供が生れたならば十分教育と養護を施す義務をもつて居る」としている。③では、「社會的母親の保護の他に、社會的児童保護として、乳児院、託児所、學校児童収容所、虚弱児童収容所、林間學校、精神薄弱児収容所、感化院、児童相談所、児童研究所等を進歩させていく」課題をあげている。

「盲児童の觀察」[35]と題して、東京盲学校長の町田則文の執筆がある。ここでは、①盲児と幼稚園、②盲人教育の歴史的考察、③盲児とその保育法、④盲児童の身體的特長、⑤盲人の起居動作、⑥盲児の取扱ひを如

何にすべきかを指摘している。①では、「盲児童にとつては之が尚更必要となつて來たとしている。」③では、「小學校期になる迄にのばしてをくべき力をおさへて、幼児は手を、足を五官を充分にはたらかせて」と説いている。

（5）地域社会との関係

「夏期林間保育實施報告」[36] と題して、神戸幼稚園保姆豊島ともの執筆がある。①林間保育施行の理由、②保育者、③林間保育施行幼児、④時日、⑤場所、⑥保育の方法、⑦衛生方面の注意事項、⑧成績、⑨在園児の比較、⑩参考の爲め、⑪結論、⑫感想をまとめている。①では、商工業の進歩で都市の幼児は些細の感情にも動き易く、意志弱くして遠大の思慮を欠く者の多きにある。③では、身体虚弱、神経過敏、健康を回復せしめんとする者21名となっている。⑥では、遊戯、昼食、午睡、間食である。⑧では、体重の増加、抵抗力の増加、食欲の増進、健脚となっている。

「轉地保育の實際」[37] と題して、大阪市大實幼稚園尾崎トヨの執筆がある。①転地保育の目的、②準備及計画の概要、③保育実施状況、④転地保育の効果、⑤結論を述べている。①では、年を追うて身体虚弱に傾き疾病に対する抵抗力弱く、引いては感情鋭敏、意志薄弱の弊に陥らんとして居る、大自然に接触、保姆と起臥を共にしてとある。③では、臨地保育、室内保育、自由遊戯、食事、間食、午睡、睡眠、衛生状況・衛生上の注意となっている。⑤では、智能啓発上注意力養成自然物利用の工夫創作の力の涵養に効果は至大であった。

「簡易幼稚園及其方法の研究についての希望」[38] と題して、乙竹岩造（1875-1953）が論述している。乙竹は、教育学・日本教育史学者、寺子屋の研究家として著名である。最大の業績は『日本庶民教育史』3巻（目黒書店、1929年）であるが、初期の研究には『低能児教育法』（目黒

書店、1908年）などの特殊教育の分野がある。ここでは、「學齡未滿兒童の教養の重大さから、幼稚園の數は極く少ないから、兎に角、極く手近な簡易な方法で、少しでも幼児の教養に補益あらしむる途を考へる」と主張している。「幼稚園で研究せられ實施せられた事柄の中で、道具も簡單で設備もさう要らないといふやうなことを簡易な方法で廣く行はせる」という考えである。

「林間保育について」[39]と題して、滋賀縣八幡幼稚園が報告している。ここでは、①林間保育を試るにあたりて、②実際の方法、③一週間後の成績をまとめている。①では、虚弱なる幼児の体育には、林間保育が最も有効なりとして、神経過敏、消化器病、呼吸器病、貧血症、神経衰弱症などの子どもたちを対象とした。③では、体重増加、胸囲増加、身長増加、抵抗力増加、食欲の増加、健脚、活動に馴れたるとある。

（6）諸外国の紹介

「ベルリンの幼者保護」[40]と題して、小河滋次郎（1864-1925）が紹介している。乳児を対象に、「①里親紹介局、②市立乳児保護所、③児童保護協會、④伯林保育協會、⑤哺育園、⑥乳児ホーム、⑦乳児死亡防止アウグスト・ウ井クトリヤ皇后賀學會、⑧乳児保護に關する國費助成金五萬馬克、幼児を対象に、①幼児保護所、（子守學校）、②庶民幼稚園（伯林フレーベル協會、伯林庶民幼稚園協會、ペスタロッチー・フレーベルハウス）、③幼児遊園がある。」

「英國に於ける児童虐待防止會」[41]と題して、吉田熊次郎（1874-1964）が紹介している。吉田は、教育学者であるが、中でも社会的教育学を提唱し、わが国最初の国定修身教科書の編集に参加している。ここでは、「1895年に同防止會が設置されたこと、8万人の住民のある處を一の區と到して一人の巡視を置くことになっている。主として虐待せられて居る児童を發見してそれを官廳に告げてやると云う仲介するの

が目的であった。」と紹介している。

「乳児幼児の保護を如何にすべきか」[42]と題して、生江孝之(1867-1957)が紹介している。生江は、キリスト教社会事業家、大学教授である。英米の社会事業を見聞して近代社会事業理論の導入をはかった。児童保護、監獄改良に尽力、"社会事業の父"と言われた。主著に『わが九十年の生涯』(日本民生文化協会、1958年)『社会事業綱要』(巖松堂書店、1927年)、『日本基督教社会事業史』(教文堂、1931年)がある。ここでは、アメリカにおいて1918年をChildren's Year（児童の年）と定めて、乳児及び幼児の死亡の減少を計らうといふ事業にふれている。実際には、母親の育児上の知識を増し、幼児の身長と体重をはかり、医者と看護婦を中心に健康を増進するために相談所を設置したり、家庭訪問をしたりしている。また、わが国での乳幼児の死亡率の高さを問題と取り上げている。

「児童福祉増進會を設立せよ」[43]と題して次の紹介が出てくる。アメリカにおいて、その目的は、「①16歳以下の各児童に市民精神をつくること、②政府を尊重する精神を以て彼等が生長するようになすべきこと、③児童の權利（學校に行くべき權利、健康を保持する權利、普通教育を受くべき權利、遊ぶ權利、幸福なるべき權利）」を主張している。さらに、スコットランドでの里親制度も紹介している。

4．おわりに

はじめにで述べたように、以下に本章の対象とした幼児教育雑誌の中で明確になった諸点をまとめていく。

第一に、執筆者の中には、各研究及び実践での第一人者の名前を多く見出すことができた点である。障害関係では、小西新八（盲児聾啞児）、富士川游（教育病理学）、石井亮一（白痴教育）、三田谷啓（治療教育学）、貧困関係では、野口幽香（二葉幼稚園）、非行関係では、寺田精一（犯罪

心理学)、幼児教育関係では、東基吉（東京女子師範学校附属幼稚園）、和田實（幼児教育での著書執筆）、児童保護事業関係では、小河滋次郎（監獄制度、方面委員）、教育学関係では、乙竹岩造（庶民教育史）、吉田熊次郎（社会的教育学）、社会事業関係では、生江孝之（キリスト教社会事業）などの卓越した論述の寄稿がある。先駆的であり進歩的な思想と実践がわが国の土壌に形成されていったことを読み取ることができる。

　第二に、対象とした健常児以外の子どもたちについては以下に分類できよう。これは、第一点目の執筆者の専門分野にも当然関係することであるが、①障害児にあたっては、「盲唖」「盲児童」「白痴」「低能」「精神病的低格者」「精神薄弱者」「廃疾不具心神耗弱」、②貧困児にあたっては、「貧児」「孤児」「窮民」、③非行児にあたっては、「浮浪少年」、④病弱児にあたっては、「虚弱」「病気事故」、④他の問題児にあたっては、「特異なる心身状態」などといった名称が登場してくる。こうした子どもたちは「異常児」「特殊児童」とも呼ばれ、障害、貧困、非行などを事由とする要保護児童と同義に用いられていたのである。つまり、いわゆる「異常児」や「特殊児童」観には、貧困やその他環境上の問題（家庭崩壊、少年犯罪、差別）も含まれていたのであり、その意味では今日の障害児を対象とする特殊児童観よりは、けっこう広義な意味を包括していたことに注目できよう。

　第三に、当時の社会的状況からして、貧困問題、浮浪児少年問題への対応があった。大正期に入り慈善事業から社会事業へと移行し、その象徴としては、鮫河橋の二葉幼稚園から二葉保育園への名称変更がある。そして、日露戦争、恐慌による貧民増大の中での二葉保育園の分室設置がある。さらに、簡易幼稚園や夜学校の設置も取り沙汰されてくる。明治以降におけるわが国の児童保護立法が貧困児童に関する規定から出発している点にも当時の社会的状況が表れている。また、他国に見られないほどの乳幼児の死亡率の多さ、栄養失調、身体虚弱児の占める割合か

ら林間保育、転地保育の必要のもと実践された。

　第四に、資本主義が高度化し、社会問題がより明らかになってくると、救貧行政を通して貧民施設が明確に位置づけられるが、文部行政を通しては幼児教育に対する助成措置は講じられず、幼稚園保育の対象児を中流家庭以上の子どもに限定していた。同様なことは、教育政策の側は貧児教育や盲聾教育へ消極的な姿勢に終始するだけで、救貧政策の側は慈恵的にあたるという代替・補完関係にあったといえる。

　最後に、この時代の児童保護は、育児、保育、教育、感化、虐待防止、医療・衛生などへの事業でもあった。いずれの場合も資本主義の発展と労働問題の深刻さに重大なかかわりをもって問題が拡大して、それへの対応がなされたという点に特徴を見出せることを確認しておきたい。

注
1）　松川恵子（2014）「今、改めて「保育」について考える－戦後の『幼児の教育』雑上における倉橋惣三の論考を基に－」（仁愛女子短期大学『研究紀要』、第 46 号、pp.83-89）。
2）　長江侑紀・鈴木康弘・若林陽子・森田怜・戸髙南帆・彦坂春森・福元真由美（2019）「近現代日本の保育史研究の動向と課題－ 2007 年 -2017 年の研究を中心に－」東京学芸大学『紀要総合教育科学系Ⅰ』、p.70、pp.73-89）。
3）　山田明（1981）「精神薄弱者施設史研究の課題と方法」（一番ケ瀬康子・高島進『講座　社会福祉第 2 巻－社会福祉の歴史－』、pp.312-322）。
4）　『婦人とこども』、第 4 巻第 5 号、pp.36-52、1904 年 5 月。
5）　『婦人と子ども』、第 4 巻第 10 号、pp.60-67、1905 年 9 月。
6）　『婦人と子ども』、第 11 巻第 8 号、pp.3-15、1912 年 8 月。
7）　『婦人と子ども』、第 16 巻第 6 号、pp.234-243、1917 年 6 月。
8）　『幼児教育』、第 19 巻第 10 号、pp.385-391、1919 年 10 月。
9）　『婦人と子ども』、第 5 巻第 4 号、pp.44-47、1905 年 4 月。
10）　『婦人と子ども』、第 9 巻第 7 号、pp.25-26、1909 年 7 月。
11）　『婦人と子ども』、第 10 巻第 1 号、pp.10-15、1910 年 1 月。

12)『婦人と子ども』、第10巻第1号、pp.16-19、1910年1月。
13)『婦人と子ども』、第11巻第2号、pp.41-42、1911年2月。
14)『婦人と子ども』、第16巻第1号、pp.19-35、1916年1月。
15)『婦人と子ども』、第13巻第4号、pp.119-121、1913年4月。
16)『婦人と子ども』、第13巻第4号、pp.143-144、1913年4月。
17)『婦人と子ども』、第15巻第11号、pp.467-472、1915年11月。
18)『婦人と子ども』、第2巻第9号、pp.58-64、1902年9月。
19)『婦人と子ども』、第2巻第12号、pp.52-56、1902年12月。
20)『婦人と子ども』、第3巻第9号、pp.66-67、1903年9月。
21)『婦人と子ども』、第4巻第8号、pp.51-56、1904年8月。
22) 牧野由理「『幼稚園保育法』と『手技図形』の関連に関する研究」(東京都市大学『人間科学部紀要』、第1号、pp33-46、2010年)。
23) 白石崇人「明治後期の保育者論－東京女子高等師範学校附属幼稚園の理論的系譜を事例として－」(鳥取短期大学『研究紀要』、61号、pp.1-10、2010年)。
24)『婦人と子ども』、第13巻第1号、pp.1-6、1913年1月。
25)『幼児教育』、第19巻第11号、pp.442-445、1919年11月。
26)『幼児教育』、第19巻第12号、pp.473-480、1919年12月。
27)『婦人と子ども』、第11巻第7号、pp.31-36、1911年7月。
28) 後藤正矢「和田實の保育者論、保育者養成論と養成実践」(幼児教育史学会『幼児教育史研究』、第10号、pp.30-43、2015年)。
29) 古橋和夫「和田實の幼児教育の目的論」(常葉大学『保育学部紀要』、第5号、pp.1-10、2018年)。
30)『婦人と子ども』、第13巻第2号、pp.54-61、1913年2月。
31)『婦人と子ども』、第13巻第2号、pp.78-80、1913年2月。
32)『婦人と子ども』、第17巻第6号、pp.219-228、1917年6月。
33)『婦人と子ども』、第17巻第7号、pp.264-269、1917年7月。
34)『幼児教育』、第20巻第1号、pp.5-9、1920年1月。
35)『幼児教育』、第20巻第6号、pp.189-198、1920年6月。
36)『婦人と子ども』、第17巻第10号、pp.379-393、1917年10月。
37)『婦人と子ども』、第18巻第12号、pp.457-467、1918年12月。
38)『幼児教育』、第20巻第8巻、pp.267-272、1920年8月。
39)『幼児教育』、第20巻第8号、pp.275-278、1920年8月。

40)『婦人と子ども』、第 14 巻第 10 号、pp.443-449、1914 年 10 月。
41)『婦人と子ども』、第 9 巻第 5 号、pp.7-11、1909 年 5 月。
42)『幼児教育』、第 20 巻第 7 号、pp.225-230、1920 年 7 月。
43)『幼児教育』、第 20 巻第 9 号、pp.304-309、1920 年 9 月。

『復刻　幼児の研究』(発売所　名著刊行会)

第3章 教育と福祉での「養護」概念
― 戦前・戦後における概念の検討 ―

1．はじめに

「養護」という用語をめぐっては、表1のようにさまざまな各分野・各領域で使用されているのが現状である。

表1 「養護」の使用のされ方

分野	領域	学校・施設	職種の主な内容
教育	学校保健	**養護**教諭	園や学校で健康を保持増進させるための教育 ＊保健室などで健康維持を担当するため
	特別支援教育	**養護**学校 （現　特別支援学校）	障害児のみを対象とした学校教育 ＊知的障害、視覚障害、聴覚障害、肢体不自由、病弱のため
	特別支援教育	**養護**学級 特殊学級 （現　特別支援学級）	通常の学校に設置され障害児に特別編成の学級で行う適切な教育 ＊通常の学級では個に応じた指導を受けられない子どものため
福祉	児童福祉	児童**養護**施設	環境上の事情で特に入所を要する子ども（18歳未満）のための施設 ＊虐待、父母の精神疾患・長期入院などのため児童福祉法による
	高齢者福祉	特別**養護**老人ホーム	食事・排便・移動、精神的援助などで入所を要する高齢者（65歳以上）のための施設 ＊経済的、精神的、身体的、生活環境の理由で、家庭での生活が難しいため　老人福祉法による

(筆者作成)

以上のように、現況の学校、施設の中では、「養護」の用語が、それぞれの場において、しかも利用者の年齢層も非常に広く使用されており、その多様性のために、共通の理解をもたらすことを困難にしている。また、戦前と戦後における使われ方も違っている。戦前から今日に至るま

第3章　教育と福祉での「養護」概念　41

で使用されてきた「養護」とは何であるかという検討が、教育と福祉それぞれの分野では検討されているものの、両者の側に立って比較し、違いを明らかにしようとする研究姿勢は弱かったと言っても過言ではなかろう。それゆえに「養護」の概念について、教育と福祉における歴史的な観点による位置づけについて言及する。

　本章では、今日に至るまでの学校における「養護」の概念については、学校保健の領域と特別支援教育の領域を取り上げる。一方、福祉における「養護」の概念については、児童福祉の領域を取り上げる。また、本章では子どもを研究対象としているので高齢者福祉の領域は割愛する。教育法下、福祉法下での「養護」がどのように規定されているのか、当時の実際の「養護」が何を目的に、どのように実践されてきたかなどを調べることとする。

　以上の検討をした上で、教育、福祉で捉えられてきた「養護」の単なる相違性を指摘して終わるのではなく、共通性もあるのではないかという視点に立って、教育と福祉をつなぐ架け橋となる「養護」概念を明らかにすることを研究の目的とする。

2．戦前の「養護」概念の整理
（1）時期区分

　第二次世界大戦とその敗北を画期として、1945年8月15日で「日本近代」と「日本現代」を区別するという歴史認識がある。戦前の天皇制、軍国主義、ファシズムに対して、戦後のGHQによる非軍事化、民主化、その平和と民主主義の制度的保障としての国民主権を明記した日本国憲法の制定によって、戦前と戦後を区別することが通説であろう。現代日本の新たな出発という歴史認識である。本章を進めるにあたっても、こうした歴史上の社会の価値観の相違より、戦前と戦後を分けて整理することをあらかじめ断っておきたい。

まずは、戦前における検討を行う。

（２）戦前の教育学における「養護」の源泉

　カントの『教育学』が出版されたのは1803年であり、ヘルバルトの『一般教育学』（1806年）の3年前にあたる。『教育学』の序説をみると、「人間は教育されなければならない唯一の被造物である。われわれは、教育の下に、養護（養育、保育）、規律、教授を理解している[1,2]。」

　これが教育史における最初の指摘であるか否かは定かではないが、杉浦守邦や藤田和也は、1893年に刊行された『倫氏教育学』（湯原元一訳、金港堂書籍）での著者リンドネルの主張に注目している。ヘルバルト教育学が広がる中で、教授、訓練、養護という教育の三方法のひとつを表す言葉として使われたという[3,4]。同書の中では「養護」はPflegeの訳語として提案されたものである。「養護宜しきを得れば、身体健康の生長をなす[5]」。加えて、同書の第二篇「人体の養護及び其養成[6]」にも「養護」の内容が登場してくる。田中勝文も同書に着目して、「摂生法にほぼ該当するものと理解できる[7]」としている。その内容は、まだ学校看護婦は誕生していない中で、日常生活で、栄養・保温・清潔・休養等の衛生的な原則を子どもに学ばせ、健康を保持増進する作用といった意味合いが強くこめられた。

　本章では、学校での生活法であり、教育者の担当範囲とされたと指摘しておきたい。

　その後、身体検査が徹底されるにつれて、「養護」も身体検査の結果を熟知する必要性が出てきた。さらに、「従来環境衛生を中心に発達して来た学校衛生と、教育学における教育方法のひとつとみなされて来た養護とが、身体検査を接点として事後措置の分野で結合するようになり、ここに新たに一般養護と特別養護という独特の概念を生むに至った[8]。」

　一般養護とは、一般的な健康法の指導から、不良習慣の矯正、良習慣

の訓練などをさし、特別養護とは、身体検査で発見された病弱児・虚弱児などに対し、個々の欠陥や体質に応じて医学的特別処置や指導を行うことをさしていた[9]。

1920年2月には「学校医ノ資格及ビ職務ニ関スル規程」が改正され、「病者、虚弱者、精神薄弱者等ノ監督養護ニ関スル事項」が追記された。時代背景としては、大正デモクラシーの考えより、児童愛護思想が主張されて、その気運を受けて、病弱児、虚弱児、精神薄弱児の保護を学校衛生の分野に求めるようになったと考えられる。

後になって、ヘルバルト派のラインが系統的教授学の図を発表しているが、そこでは「身体の養護(生理学、衛生学)」が位置づけられている[10]。ここからは、子どもを養うには、教育者は生理学と衛生学の知識が必要であることが重要であると読み取れる。また、身体養護は常に子どもの発達に随伴する必要があることを述べている。そして、その図には特殊教育所として、孤児院、救済院、痴児院、白痴院、盲啞院が紹介されていることから、孤児や障害児との関係を見ている点に注目できる。

本章では、明治20年代にわが国に紹介されたヘルバルト教育学の「養護」には、日常生活において衛生的原則を守らせ、健康を保持増進させる活動という意味合いがあったことを指摘しておきたい。

(3)戦前の学校保健での「養護」の使われ方

本章を執筆する上で以下の手元にある文献を参考とした。刊行年代順に紹介しておく。毛利子来『現代日本小児保健史』(1972年、ドメス出版)、文部省『学校保健百年史』(1973年、第一法規出版)、杉浦守邦『養護教員の歴史』(1974年、東山書房)、数見隆生『教育としての学校保健』(1980年、青木書店)、数見隆生『養護教諭の教育実践』(1984年、青木書店)、藤田和也『養護教諭実践論』(1985年、青木書店)、数見隆生『教育保健学への構図』(1994年、大修館書店)の各書である。こうしてみ

ると、高度経済成長を終えた1970年代以降に刊行の大きな波があることが分かる。刊行年からは、高度経済成長が及ぼした影響、「養護」の概念は、子どものからだという生物学的次元の問題であると同時に、社会的次元の問題を併せもっていると考えさせられる。

それではまず、戦前における学校保健の中での「養護」の特徴を上記の文献の中から指摘する。

教育法規上最初の医師の登場は1891年であるとされるが、1898年に「公立学校ニ学校医ヲ置クノ件」(明治31年1月12日勅令第2号)が公布され、学校医制度の法制が整備されていく[11]。しかし、月2回の出勤の学校医には、病者、虚弱者などの監督養護の実務ができない現状であった。そこで、それらの実務に従事する職員として学校看護婦が位置づけられることになった。たとえば、1922年の都道府県学校衛生主事会議での「身体虚弱者ノ監督養護ニ関シ学校衛生上注意スベキ事項」(文部大臣諮問)答申にも記されている。

なお、学校看護婦の制度化以前には、明治期に学校ではトラホームが蔓延して、その治療を行うために看護婦が必要とされたことがあったことを追記しておく。養護教諭の始まりは、感染症と大きく関連していたのであった。

学校看護婦の職務内容は、自治体によって差があった。この点については、杉浦が大阪市の状況[12]、日本赤十字社派遣のよるもの[13]、東京市の状況[14]、郡部の状況[15]などを紹介している。こうした差がある中で、トラホーム対応への学校看護婦の要請が年々増加したため、文部省は『学校看護婦執務指針』を1923年に発表した。その内容は、救急、疾病の治療に限らず、教育のあらゆる方面に関係を結び、進んで社会的諸機関や家庭との連絡を強調するものであった[16]。ただ、その内容全体からは、学校医の補助者であって、不十分な位置づけであったと言えよう。

1929年に文部省訓令『学校看護婦ニ関スル件』(訓令第21号)が公布

され、自治体ごとに定められていた学校看護婦の職務内容が国の制度として法規上に明確にされた変化は大きい。その前文には、「学校看護婦ノ業務ハ衛生上ノ知識技術並ニ教育ニ関スル十分ナル理解ヲ必要トアル」ことから、学校看護婦には看護の知識技術だけでなく、学校衛生に関する知識が必要とされたと理解できる。学校看護婦の職務の全国的な見方が登場してきた点で特筆できよう。

ただ、学校看護婦の職制については、1938年文部省の省議で決定した「学校養護婦令案」では、教育職員とみなしていたが、一方、厚生省や法制局側は衛生職員という反対見解を示しており、文部省と厚生省の同意はなく、結局、学校看護婦の職制化は不燃焼な部分を残していた[17]。本章では文部省と厚生省の縦割行政のひとつの壁があった点として取り上げておく。

1938年に教育審議会の答申「国民学校ニ関スル要綱」が出される。国民学校令制定に伴った動向の中で、学校教育が教授・訓練・養護の3つを柱とする考えがあった。教育審議会の決議では「心身ヲ一体トシテ教育シ教授、訓練、養護ノ分離ヲ避クルコト」を掲げ、「養護」が学校教育の内容であることを明記している。訓導が従事する一般訓導があるならば、「養護」を担当するものとしての専門の訓導、養護訓導をあてることとなった。

また、学校看護婦の機関誌であった『養護』は1928年に発行され、1938年まで続き、その後は『学校衛生』に吸収される。「機関誌名を『養護』としたのは、当時の子どもたちの健康問題を考えたとき、学校看護婦の仕事を学童の養護と捉えたことの反映でもあると考えられる。また、当時の学校看護婦は5,900人を超えていたこと、国会への請願や建議書の提出といった職制運動も養護訓導の制度化へ一定の影響を与えていた[18]。」

1941年には「国民学校令」が公布され、第15条に「国民学校ニハ学

校長及訓導ヲ置クベシ国民学校ニハ教頭、養護訓導及准訓導ヲ置クコトヲ得」とあるように、学校看護婦は養護訓導と改称され、一般訓導と同じ教育職員となった。その職務内容は第17条にあるように「児童養護ヲ掌ル」と教育性が明確にされている。さらに、養護訓導は女子であり国民学校養護訓導免許状を有する者とされ、今日の免許状制度の始まりといえる。

1942年に文部大臣名で「養護訓導執務要項」が訓令された。そこでは、学校長の管理下で、自らの判断の下で自律的に職務できるという専門職としてみなされた。換言すれば、看護的職務がかなり削られ、日常生活における教育的かかわりの職務が増大したのである。

翌年の1943年には「国民学校令」が改正され、養護訓導は必置制となったが、養成がこれに追いつかず、養成所設置を各県に促すなどの対応をしたものの、「1945年度の養護訓導数1,750名、当時の国民学校数2万1千の1割にも満たないという寂しい状態で終戦を迎えるのである[19]。」

（4）戦前の特殊教育との関係の「養護」

「養護」なる用語は、以上みてきたように学校衛生の領域で使われてきた。もちろん、杉浦が主張するように大正期の特殊教育と学校衛生思想との関係はある[20]。

障害者のための学級の名称としては、「1941施行規則第53条の規定を受けての、1941編制ニ関スル規程による『養護学級』が、法的に初めて規定されたものである[21]。」「身体虚弱、精神薄弱其ノ他心身ニ異常アル児童ニシテ特別養護ノ必要アリト認ムルモノ為ニ学級ヲ編制スルコトヲ得[22]」とされた。1941施行規則の規定については、文部省体育局衛生課長の重田定正は「発育期に於ける児童は、正常なるものでも、その養護に関して適切なる指導が為されなければならぬ。況や、心身に異

常のある児童に対しては、特別な養護が要求せられるべきである[23]。」と述べている。

しかし、1942年度の養護学級数をみてみると、1,682学級のうち、「身体虚弱児」のための学級は1,616学級（6万4,891人）、「精神薄弱児」のための学級は66学級（1,039人）であった[24]。「身体虚弱児」の学級が圧倒的に多かったのである。

その原因としては、戦時体制に入っていく中で、「戦争による食糧事情の困難からくる体位の低下、栄養状態の悪化を反映するもの[25]」、つまり、戦力としての国民の健康確保のために、病虚弱児の「養護」の充実をはからざるを得なかったことがあげられよう。そして、「不幸ナル児童ヲシテ聖代ノ恩沢ニ浴セシムル[26]」という恩恵的観点が根強くあったこともあろう。つまり、回復不可能と思われた精神薄弱児は、対象からはずされ、学校衛生の埒外に追いやられる時勢であったといえよう。

3．戦後の「養護」概念の整理

戦前においては、これまで整理してきたように学校教育側（教育学）で「養護」が扱われてきた。

次に、戦後における検討を行う。

（1）積惟勝の「集団主義養護論」の提唱

積惟勝（1906-1983）は熊本で生まれ、10年間の小学校教員生活で生活綴方運動に没頭し、1938年から7年間虚弱児を対象とした東京市立沼津養護学園に勤め、1945年から児童養護施設の松風荘の園長となる。1964年に集団のもつ優位性を最大限に生かし、「集団生活を営む児童施設家庭は家庭に優るとも劣るものではない[27]」といった施設づくりこそが生きる道であると考え、実践を踏まえて「集団主義養護論」を提唱した。1970年に日本福祉大学教授に就任し、1977年に退職して、積

教育福祉研究所を沼津に開設し所長となる。1972年に全国児童養護問題研究会を組織して初代会長となる。1983年8月25日に他界する。

　主著に、『われらかく育てり－戦災児童の手記－』(1951年、新興出版社)、『集団に育つ子ら』(1959年、新評論社)、『生活を創る子どもたち』(1965年、講学館)、『はだかの教育』(1966年、洋々社)、『施設養護論』(1967年、ミネルヴァ書房)、『集団主義と子どもたち－福祉と教育の統一のために－』(1971年、ミネルヴァ書房)、『児童養護問題』(1975年、ミネルヴァ書房)、『新版施設養護論』(1977年、ミネルヴァ書房)、『教育と福祉の理論』(1978年、一粒社)、『陽よ強く照れ－教育福祉の道50年－』(1978年、ミネルヴァ書房)、『笹っぱ優勝旗－虚弱児学園から育ち合って半世紀－』(1984年、洋々社)などがある。

　積の論考は「1944年から1966年頃までに書かれたものは、主に自らの実践記録であり、それ以降のものは、実践の理論化を試みたものが多い[28]。」という特徴がある。

　松風荘の歴史は1945年にさかのぼる。東京都教育局が、学童集団疎開ができなかった在京児童の中に戦災孤児が出現することを予測して、世田谷区にある身延山関東別院を借り、戦災孤児養育の場所として「東京都二子玉川学寮」を開設した(学童数11名)。同年に積が寮長に就任する。その後施設が東京都下北多摩郡の南養寺に移転し、名称を「南養学寮」と変更した(学童数19名)。1948年に静岡県沼津市大諏訪にある東京都立片平養護学園の一官舎に移転し、「東京都片平学寮」と改称した(学童数17名)。1950年に児童福祉法施行に伴い、東京都教育局から民生局に移管される。名称を「東京都沼津児童学園」と改称した。1951年沼津市本郷町に移転し、1956年に東京都から東京都同胞援護会の施設として移管され、「松風荘」と改称した。

　積は、1971年に刊行した『集団養護と子どもたち－福祉と教育の統

一のために－』を、①「児童養護」の基本的考察、②人間解放と生活の安定、③集団の規律と自主活動、④施設の生活における集団活動、⑤集団のなかで育つ個性、人間性、⑥日常的ふれあいの問題、⑦見通し路線と社会参加の問題の7章より執筆している。

　積の上記の経歴をみると、まずは戦後、戦災孤児たちの問題に取り組む中で、家族共同体的な「養護」から脱却し、集団生活体への「養護」に新たに着目して実践したとみることができる。自ら実践に取り組んできたことが底流となっていることは見落とせない。次に、集団主義養護論は、戦前の生活綴方運動の流れを汲んで、旧ソ連の社会主義的な側面、特にレーニンの「万人は一人のために、一人は万人のために」の思想に基づくマカレンコの集団主義教育に影響を受けていたとみることができる。

　その特徴について、遠藤由美は「①『家庭に優るものはない』という家庭観・施設観から『家庭に優るとも劣るものではない』という施設観をもつ、②子どもたちには人権と1人ひとりの人生があり、教育的可能性をもっているという子ども観をもつ、③話し合い（『話し合い』-『実践』-『点検』-『追究』-『話し合い』）による『集団づくり』を行うこと、④集団遊び、文化的な活動やスポーツ・労働に関わる活動を通して、連帯性を育むこと、⑤個人的なふれあい、集団的なふれあいのなかで、自主性・批判性・創造性を育むこと、⑥集団のなかから段階的な見通しをたてる力を育て、家庭参加、社会参加をめざすこと、⑦集団のなかで人は変革するという人間観をもつ[29]」点に特徴があると指摘する。換言すれば、子どもたちが情緒安定的なくつろげる場でもって、集団の中で生活を創造し、文化的活動や労働体験をし、「人間として、人間らしく生きる」ことができる教育福祉観があったと評価できるのではないかと指摘したい。

　また、中村國之は「自分の生活を『施設』の中で楽しむことが出来る。子どもと明るく話せる、発想を幅広く、創造性や感性を豊かに磨く、仲間や子どもたちに上手に甘えることができる。常に80％で生活、仕事

をする。相談出来る人をもっている。日本の伝統文化を大切に守る。自分をとりまく大人、友だちを生活の中にひき入れて協力者になってもらう努力をする。生活の場が小さくなると密室化しやすいので風通しをよくするために、ホーム間交流を交えたり、他の団体のキャンプなどで合流したりしていく[30]」ことに特徴があると指摘する。換言すれば、安心できる生活空間・時間・仲間の保障、人間関係づくり、生活集団づくりがあったと評価できるのではないかと指摘したい。

　さらに、大原天青は1960年代と1970年代に大別して、前者について施設の原理を「①人権の尊重と人間形成、②情緒安定性、③個と集団の統一的（仲間意識の養成）、④家庭復帰・社会復帰の4つにまとめ、自立性と社会性を養う子どもの育成することを養育の方針として示した[31]。」そして、後者について「教育と福祉を統一的に提供されるべく集団主義養護（教育）論を提唱した[31]。」と指摘する。ここには、各年代ごとに、入所理由に変化が生じたり、基本的人権や発達保障が奪われたりするといった社会的な背景をとらえたと評価できるのではないかと指摘したい。

　積は、1975年に「集団主義養護論」の今日的課題として、「民主的な児童福祉運動は、同じ方向を目指す団体、組織と手を組み、その輪を広げるなかでの活動が大事である。その意味からして、この『養問研』が『全国障害者問題研究会』（全障研）、『全国保育問題研究会』（保問研）などとあいたずさえて、その運動を展開しつつあるところに今後の展望が期待されるといえよう[32]。」と投げかけている。

（２）小川利夫の「教育福祉論」の提唱

　第一に、1970年代に教育福祉問題が指摘されるようになった社会背景には、高度経済成長と家庭・地域・学校の教育力の低下がある。経済成長は確かに消費文化をつくりだしたが、過疎や公害に代表される生活

環境の破壊が進行した。このことが、元来家庭・地域・学校が有していた教育力の低下につながった。

さらに、1971年6月に出された中教審答申「今後における学校教育の総合的な拡充整備のための基本的施策について」(通称「46答申」)において、学校教育に対して能力主義にもとづく人材育成の考えが登場した。

こうした時代への批判的な懸念として小川は「教育福祉論」を打ち出したと考えられる。その懸念の克服が「児童観の綜合」であった。小川は、福祉は教育の母胎であり、教育は福祉の結晶であるという格言を残している。

第二に、積が『集団養護と子どもたち』を刊行し、教育福祉問題を提唱したのが同じく1970年代であったように、当時の児童養護施設在籍児の高校進学率が30％台にすぎないこと、就学猶予・免除で養護学校(現在の特別支援学校)が義務制になっていなかったこと(義務制実施は1979年)に象徴されるように、小川の提唱した「教育福祉論」は「教育と福祉の谷間の問題」としてとらえることができる。それゆえに、本章では後述するように教育と福祉のつながりを求める視点を模索したい。

概して、教育学においては福祉領域の問題を教育の問題としてとらえる視点が弱く、逆に福祉学においては、発達保障にかかわる教育の問題としてとらえる視点が弱いのではないかと筆者は考えている。それゆえに、本章の研究目的に掲げた両者をつなぐ概念をより明確にすることが必要なのではなかろうかと指摘したい。子どもの権利を基盤とした、保育・幼児教育、学校教育、児童養護・社会的養護の今日的な課題の追究を推し進めることが大切となってこよう。一例として、今日では、子どもの貧困克服、児童虐待防止、障害児などへのSNE教育の考えのもとでの発達保障、夜間中学で義務教育を受けること、ダイバーシティ(多様性)や地域での連携の視点に立つことなどの実践的・理論的な解決が山積している。こうした多様なニーズに対応するためには、国や自治体

において子ども主体の教育と福祉のシステムを各地域に包括的に構築していく必要がある。教育や福祉に財源をもっとあてるといった抜本的・基本的な発想を強化すべきである。

「日本においては、1970年代とりわけ半ば以降、教育と福祉の関連についての議論がさまざまな立場から[33]」なされてきた。その後、異なる立場から、教育と福祉にかかわる問題についての議論が展開されるなかで、「教育福祉」の用語には、その論者によってさまざまな意味内容を含み込まされている。

たとえば、代表的な研究書として、1970年代には『教育法学叢書2　教育と福祉の権利』（小川利夫・永井憲一・平原春好、1972年、勁草書房）、『社会福祉と諸科学5　教育と福祉の理論』（小川利夫・土井洋一、1978年、一粒社）、1980年代には『教育福祉論序説』（村上尚三郎、1981年、勁草書房）、1990年代には『社会福祉学概論』（磯辺実・一柳豊勝・西原新一・吉田宏岳、1991年、中央法規出版）、『講座社会福祉第9巻　関連領域と社会福祉』（佐藤進・小川利夫、1993年、有斐閣）、『教育と福祉』（神田嘉延・岩橋法雄・玉井康之・朝岡幸之、1994年、高文堂出版）、『社会福祉と社会教育　小川利夫社会教育論集第五巻』（小川利夫、1994年、亜紀書房）、『教育福祉論入門』（小川利夫・高橋正教、2001年、光生館）などがある。

これらの先行研究の中で、「養護」に注目すると、小川（1926-2007）の論文が卓越している。小川は、わが国を代表する教育学者（社会教育学）のひとりである。日本社会事業大学を経て、1974年に名古屋大学教育学部教授、退官後愛知大学へ、日本社会教育学会会長をつとめた。

小川の提起の中で特徴的なのは、「教育福祉論」の対象の吟味は、児童福祉サービスにおける基本概念の検討から始める必要があるという問題意識により、図1のような「教育福祉」問題の概念様式を提示しているところにある。ここでは、「育成 - 保育 - 療育という輪（A）と養護 - 教

第3章　教育と福祉での「養護」概念　53

護 - 保護という輪（B）があり、しかも、それらの輪の中がさらに幾重にも再分化されている[34]」としている。小川の主張からは、①教育福祉問題の複雑さ、②教育と福祉の谷間の問題、③対象者が貧困・障害・非行などの大変さを抱えていたと理解できるのではなかろうか。それゆえに、教育と福祉の内的な連関性を早く提起し、どのように解明するかの課題は今日においても依然として残されているといっても過言ではないのではなかろうか。

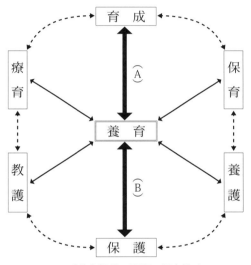

図1　「教育福祉」問題の概念様式
　　　―現行児童福祉法における―
（出所：小川利夫・土井洋一『教育と福祉の理論』、p.27）

　小川の門弟であった望月彰は、宗像誠也の論「人間の尊さを打ち立てる教育[35]」に学びながら、福祉とりわけ児童養護施設と連携した学校教育の実践において、「人間の尊さ」に立脚することを主張する。
　さらに、やはり門弟である高橋正教は、「教育福祉論」の課題として、「教育と福祉が現実社会のなかで置かれている構造的位置とそれゆえに

かかえる矛盾をどのようにとらえたらよいか[36]。」を主張する。図1の概念様式に関することである。

そして、名古屋大学時代からの小川の学友であった田中勝文は、「教育福祉とは、社会福祉活動における教育的側面に着目し、人格の発達保障の観点から、教育と福祉の統一的実現を目指す活動分野である[37]。」と主張する。

4．おわりに

章頭で問題提起したように、教育、福祉で扱われてきた「養護」の相違はあるものの、本章でとりあげた「養護」を検討した結果、架け橋となる概念を指摘する論考にもいくつか出会った。

例えば、学校保健領域において、藤田和也は、子どもの発達支援を表すもので、「守り、教え、育てる」の三つが「ないあわされた働きの総体[38]」としている。

特別支援教育領域において、田中良三は、「養護」を基底部として、教科指導（陶冶）と生活指導（訓育）の教育課程基礎構造の発展的系統を図示している[39]。発達保障論の立場からの障害児教育実践を踏まえての理論的枠組みについてである。

鈴木敦史は、教育・福祉の現業に携わるとともに保育研究を行った浦辺史の論[40]に依拠して、「子どもの権利としての教育福祉[41]」に着目して、①生活が保障される、②発達と教育が保障されることの重要性を説く。

以上の諸氏からは「発達」の保障、支援というトーンが流れていることに気づかされる。

次いで、福祉領域において、「それまで施設処遇論が中心であり、歴史的・体系的な政策論的研究が極めて乏しい[42]」といった課題を乗り越えるために、吉田幸恵が『社会的養護の歴史的変遷－制度・政策・展望－』を刊行している。そこでは「養護」は「それ自体が社会的性格を本質的に

持つ」語であることから、専門用語の十分な検討、科学的な把握を提起している[43]。児童救済から児童家庭福祉としての社会的養護へ、児童養護施設を中心に小規模、里親制度も含めた全体を整理し、今後子どもや保護者の人権保障を実現するような制度や政策のあり方を言及整理した今後への課題の指摘である。

　末尾に、筆者の「養護」概念については、①健康・発達保障、②本人と家族の生活支援といった点から理解できると考えさせられた。別の言い方をすれば「生存権と教育権の保障[44]」と言えるのである。

注
1) 西田雅弘「カントの教育概念－歴史哲学の視角から－」(下関市立大学『創立60周年記念論文集』、pp.143-152、2017年)。
2) 山梨八重子「カント『教授学』にみる『養護』に関する一考察－教育学における『養護』の源泉をもとめて－」、(『先端倫理研究』、第10号、pp.39-49、2016年)。
3) 杉浦守邦『養護教員の歴史』、p.35、1974年、東山書房。
4) 藤田和也『養護教諭実践論－新しい養護教諭像を求めて－』、p.52、1985年、青木書店。
5) 湯原元一『倫氏教育学』、pp.45-46、1893年、金港堂書籍。
6) 前掲書（5）pp.62-83。
7) 田中勝文「『養護』概念の検討（1）－教育学における『養護』概念の発達をめぐって－」(愛知教育大学『研究報告』、30、pp.153-165、1981年)。
8) 前掲書（3）pp.35-36。
9) 「学校医の資格および職務に関する規定」、1920年2月。
10) 岡田加奈子・河田史宝『養護教諭のための現代のニーズに対応した養護学概論』、p.12、2016年、東山書房。
11) 毛利子来『現代日本小児保健史』、pp.92-95、1972年、ドメス出版。
12) 前掲書（8）pp.37-46。
13) 前掲書（8）pp.46-62。
14) 前掲書（8）pp.63-69。

15) 前掲書（8）pp.69-74。
16) 文部省体育課『学校看護婦の執務指針』（帝国学校衛生会学校看護部『養護』、創刊号、pp.15-24、1928年）。
17) 高橋沙希「国民学校令における『養護訓導』の成立過程」（東京大学大学院教育学研究科『紀要』、第60巻、p.536、2020年）。
18) 宍戸洲美「日本の養護教諭制度の発展過程に関する一考察－初期の養護訓導まで－」（帝京短期大学紀要委員会『帝京短期大学紀要』、14、p.26）。
19) 文部省『学校保健百年史』、p.290、1973年、第一法規出版。
20) 杉浦守邦・田中克彦「大正期の特殊教育の勃興と学校衛生思想」（精神薄弱問題史研究会『精神薄弱問題史研究紀要』、pp.3-31、1977年）。
21) 荒川勇・大井清吉・松矢勝宏・加藤康昭・北沢清司・内海淳・高橋智・渡邉健治・津田敬子・馬渡尚子・小野正典「学校教育法障害児教育関係規定の成立に関する研究」（東京学芸大学『紀要　1部門』、31、pp.163-183、1980年）。
22) 文部省『特殊教育百年史』、p.53、1978年、東洋館出版社。
23) 重田定正「精神薄弱児童の養護学校」（日本精神衛生協会『精神衛生』、第16巻第2号、p.2、1941年）。
24) 三井登「養護訓導の制度化に関する試論」（帯広大谷短期大学『紀要』、第49号、pp.51-62、2012年）。
25) 国立教育研究所編『日本近代教育百年史　6学校教育（4）』、p.834、1974年、教育研究所振興会。
26) 国立教育研究所編『日本近代教育百年史　1教育政策（1）』、p.514、1973年、教育研究所振興会。
27) 積惟勝『集団養護と子どもたち－福祉と教育の統一のために－』、1971年、ミネルヴァ書房。
28) 遠藤由美「集団主義養護論と養問研の理念・思想－子どもの権利と教育福祉－」（全国児童養護問題研究会・日本の児童養護と養問研半世紀の歩み編纂委員会『日本の児童養護と養問研半世紀の歩み－未来の夢語れば－』、p.19、2017年、福村出版）。
29) 前掲書（28）p.20。
30) 中村國之「集団養護と子どもたち」（長谷川眞人・堀場純矢『児童養護施設の援助実践』、pp.114-115、2007年、三学出版）。
31) 大原天青「児童養護施設における治療的養育実践モデルの現場への適応

と効果の検証」（公益財団法人日工組社会安全研究財団『2011年度若手研究助成最終報告書』、pp.6-7、2011年）。
32）積惟勝「集団主義養護論」（浦辺史『児童問題講座第6巻　児童養護問題』、pp.227-253、1975年、ミネルヴァ書房）。
33）高橋正教「教育福祉論をめぐる問題状況と課題」（『中京女子大学紀要』、24号、p.100、1990年）。
34）小川利夫・土井洋一『教育と福祉の理論』、p.26、1978年、一粒社。
35）望月彰「教育福祉学の視座」（愛知県立大学『教育福祉学部論集』、第66号、pp.1-10、2017年。
36）高橋正教「教育福祉とは何か」（小川利夫・高橋正教『教育福祉論入門』、pp.2-26、2001年、光生館）。
37）田中勝文「教育福祉」（磯辺実・一柳豊勝・西原新一・吉田宏岳・安藤順一・星野政明『社会福祉学概論』、pp.216-224、1981年、中央法規出版）。
38）藤田和也『養護教諭が担う「教育」とは何か』、pp.30-41、2008年、農文協。
39）田中良三「戦後、障害児教育課程の編成原理と構造」（河添邦俊・清水寛・平原春好『障害児の教育課程と指導法』、pp.48-75、1981年、総合労働研究所）。
40）浦辺史「社会福祉運動が示すもの－児童をめぐる教育と福祉－」（日本社会福祉学会『社会福祉学』、第11巻第6号、pp.1-10、1971年）。
41）鈴木敦史「戦後日本における教育と福祉の関係論の形成」（第73回関西教育学会大会、口頭発表資料、2021年）。
42）吉田幸恵『社会的養護の歴史的変遷－制度・政策・展望－』、p.ⅰ、2018年、ミネルヴァ書房。
43）吉田幸恵「『養護』という語の歴史的展開－児童福祉分野における『養護』－」（名古屋経営短期大学子ども学科　子育て環境支援研究センター『子ども学研究論集』、第8号、pp.87-101、2016年）。
44）小川英彦「貧民学校創始者・坂本龍之輔の実践－教育（能力保障）と福祉（生活保障）の接点－（同朋大学社会福祉学部『同朋福祉』、第28号（通巻50号）、pp.9-32、2021年）。

第4章　愛知県立精神病院院長時代の児玉昌の活動について

1．はじめに

　児玉昌（1892-1953）に関する人物紹介については、藤島岳の著書『知能障害事典』（1978年）、『人物でつづる精神薄弱教育史』（1980年）がある。そこでは、第一に、病院で単に精神薄弱児を診断したり、治療したりということだけにとどまらず、何とかよりよい生活を送らせたい理由から、精神薄弱児施設の小金井治療教育所を1930年に創設し、1934年に城戸幡太郎を園長として小金井学園に改称したこと、第二に、東京帝国大学医学部卒業後に東京府立松沢病院医長をつとめ、ユニークな教育病理学を講義したこと、第三に、医学部時代に永井潜先生に薫陶を受けたことで社会的啓蒙に強い関心があったこと、第四に、専門の精神医学では精神も生命体のあり方として科学的にとり扱わなければならないとし、東洋的直観と西洋的哲学との関連でとらえていたことが指摘されている。

　以上の児玉の治療教育観が醸成される過程においては、1932年11月から10年余の長きにわたって愛知県立精神病院院長を務めた期間も軽視することができないと思われる。そこで、本章においては、愛知県において行った活動を明らかにすることで、児玉の治療教育観をトータルなものにできると考えた。よって、これまで指摘されてこなかった愛知県での児玉の活動について焦点づけて述べることとする。

　これまでの児玉に関する考察は、「独自性の強い生き方によるのか、氏に関する研究は小金井治療教育所との関わりで論述されている以外は見当たらない」と評される点からも、愛知県での活動を追求する意義はあると思われる。

2．愛知県における主な活動について
－1932年から1940年代までを対象に－

　児玉が愛知県立精神病院に初代院長として就任したのは1932年であり、1946年まで同院で勤めている。1930年に小金井治療教育所を開設したことがあったことから、この頃の児玉の論文には、白痴や精神薄弱についての論考があるのがひとつの特徴である。たとえば、大きな業績として、戦前の愛育研究所で異常児保育を試みていた三木安正、続有恒らとの共著で『治療教育』という小冊子を刊行している。なお、初代院長に就いたことから、小金井治療教育所の後事は奥田三郎（1903-1983）に託して名古屋に赴任している。

　1932年12月6日に東病室20床でもって、名古屋市東区田代町金児砲74番地（現在の千種区徳川山町）に愛知県立精神病院が開院した。1933年には西病室を建築し、1935年10月に病床100床の精神病院に拡張される。敷地15,216.95坪、建坪715坪、鉄筋コンクリート2階であった。1939年には200床に増床している。この頃の公立の精神病院と言えば、東京、鹿児島、大阪、神奈川、福岡の6院しかなかった。その理由としては、1919年に精神病院法が制定され、公共の責任として設置することが可能ではあったものの、ほとんど予算がつかなかったため実際の設置は進まなかったのである。児玉のこの頃の主張には、公立の精神病院の設置を強く訴えたものがあるが、戦時下での専門医の不足が影響してきわめて難しい状況であった。

　1934年に発表された児玉の「愛知縣下に於ける精神病者、精神薄弱者調査報告」によれば、同年11月1日現在の同院の状況、及び1934年2月から3月に実施された県内の私宅監置患者の資料が載せられている。この調査によると、警察署の帳簿に記されていた県内私宅監置患者の総数160人に対して、実際に調査できたのは150人であった。150人中、不明の11人を除いて、139人中の93人（66.9％）が経費または

無料であっても入院を希望せず、一方、44人（33.1%）が入院を希望している。その理由記述をみると、「精神病院に対する不信用に依るもの、例へば脳病院ではどんな扱ひを受けるかわからぬ。之れ迄病院へ入れたが、却つて病気を悪くされた」「血縁の者が自分の手許で看病したい」というのがある。つまり、精神病院への入院希望率がかなり低いことが明白である。ここからは、戦前の精神病院が治療ではなく、むしろ監置に偏って対応していたこと、しかも患者の家族は、病院より私宅での監置の方がまだましであると考えていたことがわかる。

　こうした調査結果からして、児玉は当時「精神病者は必ず劃一的に病院に収容する必要はなく」「場合に依つては私宅監置を善導發達させる方が、患者にとつても社會にとつても都合がよいのではないかと思う様になった」と、思考転換を述べている。当時の状況を何とか改善し、児玉が今後の効果的な治療方針につなげていこうとする発想を読み取ることができると本章では評価したい。

　加えて、同院の状況については、1935年12月に3周年記念式典が行われた際に児玉自身で作成した『愛知県立精神病院要覽』が注目できる資料である。同院の地図、図面はもとより建設予算、敷地面積、職員数、職員名、決算報告、診療実績、作業療法、看護人心得、入退院手続きなどが記されている。中でも、診療実績に目をやると、開院以来の2年8ケ月では、入院患者118人（早発性痴呆70%、麻痺性痴呆13.5%、躁鬱病7.6%）であって、男女別では男性が女性の2.8倍になっている。この間の退院者は31人、全快と軽快は8人、死亡は11人（35.5%）になっている。

　当時の県立病院は貧窮精神病者の保護を主要な目的としていたこと、急性期の患者への対応はなかなか実現されなかったと読み取ることができる。

　1946年に同院を退職し、名古屋市立女子高等医学専門学校の精神科

教授に赴任している。戦後の医学教育改革に伴い、1947年に女子医専が名古屋女子医科大学に改組され、3年後に名古屋市立大学医学部になったが教授とならず講師で退職している。また、静岡駿府病院の顧問も務めていた。

1953年食道癌が原因で永眠、享年61歳であった。墓地は愛知県春日井市潮見坂平和公園にある。

3．愛知県立精神病院の歩みの中から

愛知県立精神病院は、戦前の1919年に定められた精神病院法による、当時は数少ない公立の精神病院のひとつであった。精神科病床の不足は、たとえば、呉秀三・樫田五郎の「精神病者私宅監置ノ実況及ビ其統計的観察」（1918年）で、わが国の14-15万人の精神病者のうちのわずか3.3-3.6％のみ入院されているに留まっていると指摘されている。

同法の第一条は「主務大臣ハ北海道又ハ府県ニ対シ精神病院ノ設置ヲ命スルコトヲ得」となっていた。ここには、精神科病床の不足という状況から、公立（道府県立）の精神病院をつくる目的があったが、1945年までに同法によって設立されたのは以下の8院のみである。

① 東京府立松沢病院（1920年認定、発足は1879年）
② 大阪府立中宮病院（1926年設立）
③ 神奈川県立芹香院（1929年設立）
④ 福岡県立筑紫保養院（1931年設立）
⑤ 鹿児島県立鹿児島保養院（1931年認定、1924年に県立鹿児島病院分院として開院）
⑥ 愛知県立精神病院（1932年設立）
⑦ 兵庫県立光風寮（1937年設立）
⑧ 京都府立精神病院（1945年設立）

当時の国の計画では、毎年3-4院ずつ、10年から15年かけて全国

に建設する予定であったが、財政難や全文施行まで数年を要するといった法の施行条件の不備などからほとんど進まなかった。

ちなみに、愛知県立精神病院での1941年から1947年までの在籍数と死亡率をまとめたのが表1である。

表1 愛知県立精神病院の在籍数と死亡率

年	在籍数	死亡数	(％)
1941	239（男性173、女性66）	34	(22.6)
1942	213（男性171、女性42）	57	(31.5)
1943	215（男性137、女性78）	92	(42.8)
1944	189（男性114、女性75）	98	(51.9)
1945	122（男性73、女性49）	76	(62.3)
1946	275（男性39、女性236）	107	(38.9)
1947	442（男性84、女性358）	113	(23.0)

（出所　岡田靖雄『もうひとつの戦場』、p.24 六花出版）

敗戦の1945年の死亡率が62.3％となっているが、ほとんどが「衰弱」だったと記録されていることを追記しておく。

児玉以降の歴代院長は、大島金光（兼務、1946年3月-1946年5月）、杉田直樹（兼務、1946年5月-1949年8月）、浅井保（1949年8月-1962年2月）、磯部千里（1962年2月-1964年10月）、浅井保（1964年10月-1977年3月）などが名を連ねる。

4．医学と福祉の連携（病院から施設づくりへ）

児玉の治療教育観について、児玉を終生の恩師と仰ぎ、児玉からは高誼を受けていた奥田三郎は次のように述べている。「結論的にいえば、人の生そのものを全体的にとらえ、体得された生命哲学的人間観が基本だったようです。児玉先生は、精神医学を専門とされたから、精神も生命のあり方として科学的に研究され努力されたのですが、生命とか精神は、現有の科学的方法では対象化し組織化できない基本的な性質を有していますから、どうしても哲学的に考え、文学的に探らないではいられ

なくなります。(中略)先生は、東洋的直観的な自己洞察を西欧哲学的思想と跡づけながら歩み先生らしい人間観に達し、それをご自身においては求道の姿において、他に対しては、精薄施設のかたちで行として具体化されたのです。」

　児玉は愛知県立精神病院の開院以前の 1930 年 12 月に「小金井治療教育所」と称した精神薄弱児施設を創設している。その施設名に端的に表されているように、単に医学に終始するのではなく、精神薄弱児を少しでもさらに良くしたいという思いから福祉施設の開設に展開している。ここに、医学と福祉と教育の連携という児玉の治療教育観の特徴があると本章では評価したい。

　三木らとの共著『治療教育』の刊行、小金井治療教育所といった施設（指導の内容は教育面を読み取ることができる）の設立から、児玉には「治療教育」といった考えに発展していったと思われる。筆者はかつて奥田三郎らの「治療教育」観点を検討したことがあるが、医学・福祉・教育を結ぶのが「発達をより一層促進する」という考えではないかと提起した。本章では、児玉については「生活保障」「幸福追求」と結びつける考えがあることを提起しておく。この辺りは、今後の課題としてなお一層明らかにしたいと考えている。

文献
- 藤島岳（1978）「児玉昌」（内山喜久雄監修、斉藤義夫・小林重雄編集『知能障害事典』、岩崎学術出版会、p.158）。
- 藤島岳（1988）「児玉昌」（精神薄弱問題史研究会『人物でつづる精神薄弱教育史〈日本編〉』、日本文化科学社、pp.140-141）。
- 児玉昌（1934）「愛知懸下に於ける精神病者、精神薄弱者調査報告」（日本精神衛生協會『精神衛生』、第 1 巻第 6 号、pp.6-14）。
- 橋本明（2004）「精神病者私宅監置に関する研究」（愛知県立大学『文学部論集（社会福祉学科）』、第 53 号、pp.149-162）。

- 後藤陽夫（2005）「愛知県立精神病院初代院長児玉昌博士の生涯と業績」（精神医学史学会『精神医学史研究』、Vol.9-2、pp.95-108）。
- 近代日本精神医療史研究会（2014）愛知県立精神病院・愛知県立城山病院：『愛知県精神病院史』その 18、〈新シリーズ・小林靖彦資料 95〉。
- 市澤豊・室橋春光・諸富隆（2001）「北海道の知的障害児教育実践史研究序説－その源流：奥田三郎（1903-1983）と小金井治療教育所（小金井学園）－」（北海道大学大学院『教育学研究科紀要』、第 83 号、pp.25-116）。
- 田中勝文・小川英彦ら（1982）「治療教育学説史の研究（１）－ヨーロッパにおける治療教育学説－」（愛知教育大学特殊教育教室『特殊教育学論集』、pp.88-109）。
- 小川英彦（2021）「愛知県立精神病院の初代院長　児玉昌」（小川英彦『障害児教育福祉史の偉人伝－愛知の障害児者支援への尽力－』、三学出版、pp.44-47）。

児玉昌　　　　　　　愛知県立精神病院（中日新聞社提供）
出所：近代日本精神医療史研究会サイト　January 2014(7)

第5章　斎藤公子の障害児保育実践に関する研究

1．はじめに

　2022年12月に文部科学省から、小学校と中学校の通常の学級に在籍する発達障害児である可能性のある子どもの割合が 8.8％ と公表された。10年前の 6.5％ をはるかに超える数値である。そして、その後すぐに、小学2年生と比べると、小学1年生はその割合が高いことを朝日新聞が報道した。このことは、幼児期ではさらに割合が高いことを予想させる。「気になる子」が公的に書籍で紹介されたのが 1997年12月（『季刊保育問題研究』168号、全国保育問題研究協議会）であるとされる。それから約30年近くの時間の経過がある。

　後述するように、わが国で障害幼児を受け入れた統合保育が実施されていくのは 1970年代になってからである。斎藤はそれに10年ほど先んじて保育所を開設した。試行的な実践の部分もあったに違いないが、斎藤は諸科学から真摯に学ぶ姿勢を貫き通し、障害児保育実践を創造していった。まさしく先駆的実践者であった。

　本章では、発達障害児など多様な子どもたちがいる現状の中、今後どのような内容・方法が障害児保育の質の向上につながるかを目的にして、①略歴、②斎藤の底流となる保育理論、③斎藤の障害児保育実践づくりの3点に焦点を置いて、整理していくことにする。「温故知新」ということばがあるが、原点に立ち返り、障害児保育のこれからの方向性を提示できたらと考える。また、障害児教育との関係についても若干ではあるが指摘したい。

2．略歴

　1920年-2009年。島根県隠岐に生まれる。1939年東京女子高等師範学校（現在のお茶の水女子大学）保育実習科卒業。1946年玩具統制組

合の玩具研究所勤務。1948年台東区根岸の愛隣団（戦災孤児入所施設）勤務。1956年無認可のさくら保育園創設（1962年認可）。1967年埼玉県深谷の農村部に季節保育所（現在のさくらんぼ保育所）創設。1977年第二さくら保育園創設。1986年母子通園施設ポプラ立ち上げ。社会福祉法人さくら・さくらんぼ保育研究所長、埼玉県保育問題研究会会長歴任。2003年「第7回内藤寿七郎国際育児賞（生命の尊厳省）」受賞。88歳で虚血性心疾患のため死去。

　主な著書に『あすを拓く子ら』(1976年、あゆみ出版)、『さくら・さくらんぼのリズムとうた』(1980年、群羊社)、『自然・人間・保育』(1980年、あゆみ出版)、『さくら・さくらんぼの障害児保育』(1982年、青木書店)、『子育て＝錦を織るしごと』(1983年、労働旬報社)、『子どもは描く』(1983年、青木書店)、『ヒトが人間になる』(1984年、太郎次郎社)、DVDブック『映像で見る子どもたちは未来シリーズ』(2008-2011年、かもがわ出版)。ビデオや映画など多数。

　東京女子高等師範学校にて倉橋惣三の指導を受け、戸倉ハルよりリズム表現を学ぶ。後に律動を西垣都美に、リトミックを小林宗作に学び、独自のリズム遊びを生み出す。また、知的障害のある子どもの描画については宮武辰夫から教えを受けた。その他、著名な方から学ぶという真摯な姿勢が各所に見られる。

　斎藤の保育実践は「さくら・さくらんぼ保育」として全国の園経営に大きな影響を与えた。乳幼児期は、学齢期以降に大きな力を発揮する人間としての土台を育てる時として、自然環境の中での遊び、リズム遊び、描画、集団を重んじた人間関係の構築、良質な絵本や紙芝居、本物の芸術に触れるなどを実践した。その中から、骨子となり得て、今後の障害児保育の内容・方法をさらに充実させる点を以下に整理・紹介する。ただし、本章では、幼保小の連携の必要性（ライフステージにわたる支援）から、障害児教育の面とのつながりも若干ではあるものの示しておきたい。

3．斎藤の底流となる保育理論
（1）身体の発達と脳の発達の関係
　就学前の乳幼児期の0歳から6歳までの運動は、単に体を強くするという目的のみでなく、脳の発達、知的発達のためにたいへん重要であるという保育観をもっている。特に斎藤は、手や足の指の発達に注目している。指が「突き出た大脳」と称されるように、指の発達と（親指の力説もある）と脳の発達に深い関係があるからである。障害児保育や教育で取り沙汰される「脳の話」で出てくるペンフィールドの図に関与しているとも言えよう。
　さらに、生物の歴史から、最も基本的な感覚機能としての皮膚感覚の発達を重要視している。このことは、水遊びや砂場遊びを十分に確保するということにつながっている。障害児教育で検討される教材・教具や素材の有効性、水や砂や土などという素材が可塑性に富むことへの注目である。歴史的に言えば、わが国の障害児教育福祉の先駆者である石井亮一（1867-1937）が滝乃川学園で行ったセガンの生理学的教育法（五感の重視）に相通じるものであろう。

（2）自然のもつ良質な感覚
　玩具は木などでできた自然の感覚を育てるもの、絵本は内容まで吟味選択したものを活用する。たとえば、化学繊維ではなく手織木綿の肌触り、和紙のやわらかみ、檜の床の快さ、安心して触れられるものなどが乳幼児の保育には適しているとしている。プラスチックやビニールなどの冷たい石油製品は与えない。特に0歳の時には、あらゆる感覚器官を通して入る刺激がそのまま脳にすりこまれて、「快」「不快」の認識が育つ点を考慮している。

（3）子どもの発達の礎を築き、待つこと

　自然の中でさまざまな体験を通して培われた運動機能、感覚機能や自主性、自発性こそがその後の学齢期の教育の土台となるという考えをもっている。子どもたちに目先の結果だけを求めるような保育はせずに、体ができてくるのをじっくり待つこと。その土台をしっかりと築いてこそ、その後の発達に良き影響を及ぼすことになると考えている。

　6歳までに十分にのびのびと遊ばせた子どもは、集中力があり勉強を好きになる。また創造的な絵を描けることが多いと指摘している。この辺りは、今日的に言われる幼保小の連携（ライフステージに渡る支援）の必要性を見抜いていた。

　待つことを重視し、発達の芽を摘み取るのではなく、その芽こそ育ってくるまで待つという姿勢は、能動的な行為や動きこそが発達の原動力であるという、障害児教育福祉史の中で語り継がれてきた「発達の源泉は要求にある」という考えと同一である。

（4）感性を大切に

　子どもは新生児の頃から生理的な快、不快を感じ表現するのである。しかし、周囲の大人が鈍感であって、また目が行き届かず、不快の表現に気がつかなければ、やがてその子は泣くことを諦め鈍感になってしまう。こうした生理的不快に対しての鈍感さをなくすために配慮している面がある。

　6か月からオムツを取ってパンツをはかせ、また、帽子や靴など不快感を抱くものはできるだけ身につけさせないようにする。食べ物、見るもの、触れるもの、住居、衣類、玩具、絵本、音楽など、すべてにおいて快さの追求こそが子どもの感性を育てる上で大切なものであるとしている。たとえば、食べ物については、産地がわかり、安心して食べられる素材を使って、季節を感じられる手作りの給食とおやつを提供してい

る。無農薬の五分つき米、無添加の調味料、新鮮な野菜など食材選びから気をつけ、食器はプラスチックや金属ではなく、温もりのある陶器を使っている。筆者は、障害児教育福祉の実践で、画一的な食器を使うのではなく、自分の趣味・好みに合った食器の柄を選択して、楽しく食事をする場面を見たことがある。ここにはできるだけ通常の生活に近づけるといったノーマライゼーションの発想が根底にあった。

（5）集団の中で育つ

　母親がひとりで子育てをすることよりも、保護者が集まって、家庭でならどうすればよいか、保育園ならどう皆で改善していくかを話し合い、協働していくことが重要であると呼びかけている。大人とのかかわりだけでなく、子ども同士が集団の中で育つことを考えている。教育学で言及される「集団の教育力」への着目とでも言えよう。特に、子ども集団の質に関して、年齢の低い子は年齢の高い子の真似をして育っていくこと、年齢の高い子は年齢の低い子の世話をして変容していく意義を見出している。伝え合いといった育っていく過程や生活年齢の重みの重視である。

　今日的には、家庭や地域の教育力がますます低下してきている。一例として、家族の少人数化は、経済状況が大きく左右している。家族の少人数化は直接子どもの育ちに影響を与えるものである。

　また、児童虐待をめぐっては、保護者の孤立化や子育ての密室化が問題となるケースが結構ある。地域で相談できる相手や場の見つかりにくさであろう。

4．斎藤の障害児保育実践づくり

　さくら・さくらんぼ保育園では開園以来いろいろな障害児を保育してきているが、中でも自閉スペクトラム症（ASD）が多いとされる。今日

では全国的に他の園でも同様な傾向である。

(1) 自然豊かな保育環境

　冒頭に述べたように発達障害児が8.8%存在すると公表される今日、子どもたちを取り巻く保育・教育環境がもっと取り沙汰されるべきといえよう。狭い部屋の中で歩行器に入れられ、0歳児以降からテレビやゲームが占める生活、ハイハイをしないで歩き始めている子が多いといった状況を聞くことがある。運動空間の狭隘化、受け身的で柔軟な想像力が育つ機会がなくなったり、落ち着いた環境の中で親子関係が築かれにくくなったりしていないかという警鐘でもある。

　さくら・さくらんぼ保育園は、たくさんの樹木に囲まれた自然に満ちた環境のもと、太陽・空気・水・泥・土などの自然に触れ、遊びの中で五感を働かせ、自ら生きる力を育んでいく。これは、乳幼児期を神経系の発達の土台の時期ととらえているからである。居場所づくりの検討であろう。

　筆者も研修で園に訪問すると、歩行がしっかりしていない障害児、足腰がまだ弱いなと感じる障害児を見かけることが結構ある。足腰を鍛え、さまざまな自然を発見し、認知の機能を発達させるため、戸外での日々の散歩は不可欠となる。加えて、園庭にある高い築山、つかまり立ちを防ぎ、十分に這わせるために柵を設けないこと、安眠できる部屋、部屋の造作、床の材質など、発達過程と感覚運動を重視した保育実践をしている。

　豊かな自然に恵まれたにこしたことはないが、特別支援学校の大規模化、長距離の通学バス時間、教室不足といった点などは早急に改善されるべきである。「合理的配慮」の必要性を文部科学省も唱えているように、障害があるゆえに施設設備の整備、バリアフリー化が慎重に検討されるべきである。障害児が有する力を発揮できるようにするための方策

である。
　WHO（世界保健機関）が2001年に提唱したICFモデル図（国際生活機能分類）は、障害が個人の因子だけにあるのではなく、環境因子との関係であることを明確にしている。豊かな環境が、活動と参加を可能にするという見解である。

（２）リズム遊び・身体づくり

　運動神経や脳の発達を促し、しなやかな身体と五感をもった子どもに育てること、豊かな心を育むことを目的に斎藤自身が考案したものがある。たとえば、音楽を聴きリズムに合わせて、保育者が弾くピアノに合わせて身体を動かす遊びである。身体を動かすことだけが大切なのではなく、リズム、身体、刺激、感情の相互作用により、子どもたちが生き生きした表現ができると考えていた。

　知的障害のある子どもは、足の裏の発達が遅れていることがあり、土踏まずの形成と脳の関係、足指と脳の発達に着目している。たとえば、一部の爬虫類のようなハイハイは、足の親指を踏ん張り押し出す力と、それと同時に手を前に伸ばすという２つの動きを同時にする複雑な活動であり、脳と身体を繋ぐ神経に大きな成長をもたらすものである。一部の爬虫類のようなハイハイの他に、基本のリズム遊びとして、目交（まかない）、金魚、どんぐり、こうま、ロールマットがある。ロールマットは、円柱状のマットに身体をゆだねることにより、身体の緊張を緩ませ、左右のバランスを整える運動である。また、身体を左右に揺らす金魚運動により、頭から足先までの血流もよくなる。これらのリズム遊びは障害のある子どもを観察する中で生み出されたものであることに留意したい。

　リズム遊びは、創造的な身体表現活動として、律動、自由表現・新遊戯、リトミックの３つの原型を基に考案されている。リズム遊びの基盤にあ

る音楽は、躍動的なものであり、子どもが身体を意欲的に動かすために不可欠である。まず子どもが音楽を集中して聴くことから始まり、年長児の活発な動きを見ることで、子どもが自発的に身体を動かしたくなる気持ちを誘発する。子どもが身体を動かすことによる生理的快感、心理的爽快感を与えるのである。

　子どもたちは、うさぎ、あひる、こうまなどの親しみのある動物に模して、這ったり、転がったり、跳んだり、走ったりするうちに、子どもの体の骨や筋肉、神経系の発達を促し、育てていく。リズム遊びで手足の指を使ったり、全身運動を行ったりすることで、感覚機能と運動機能の発達、その統合について注目していた点に特徴がある。換言すれば、乳児期から豊かな感覚運動経験を積むことで、感覚統合や原始反射の統合など中枢神経系の機能の土台を育てることを重視していたといえよう。

　リズム遊びは、寝返りやハイハイなどの発達過程に沿った運動を、集団のリズム遊び、模倣を通して主体的に行うことに意味がある。決して訓練として行われていたのではなく、子ども主体という原点に立ち戻って、能動的探索行動をいかにして十分に発揮できるかが問われたのである。

　自閉スペクトラム症の支援にあたって、近年では、環境を整え、選択肢やわかりやすい提示をすること、音楽や運動や造形といった表現活動を取り入れることが有効であると言われる。ここに斎藤の考案した先駆性をみることができると評価したい。

　障害児教育の実践では、言語だけでなく、身体を通した音楽経験は知覚や認識力を高め、様々なことを学習することができるとしている。音楽・図工・体育を基礎教科として重要視している。さらに、教育課程の構造化では、遊びとの連続性も強調されている点を再確認したい。

　平成29年告示の幼稚園教育要領、保育所保育指針、認定こども園教育・保育要領における領域「表現」では、内容（8）において、「自分の

イメージを動きや言葉などで表現したり、演じて遊んだりする楽しさを味わう」とある。保育における表現活動は、歌やリズム遊び・身体づくり、絵など様々な方法があって、これらは「心の動き」を相手に伝える手段となる。その中でも身体活動は、抽象的な力が弱いとされる知的障害幼児、言語による表現がうまくできない幼児にも感情を表現する上でたいへん有効な手段である。その重要性を確かめたい。

（3）描画による表現活動

　さくら・さくらんぼ保育園の子どもの描画は、発達の観察方法として重要な役割を果たしている。保育者たちは子どもが求めるままに紙を与え、描かせており、子どもたちは年に何百枚もの絵を描く。年齢ごとに子どもたちの絵を並べてみると、明らかに単純から複雑へと認知の発達がみられ、また次第に指先が細やかにしっかりと動くようになっていくのがわかる。

　毎月の職員会議では、子どもたちのすべての絵を生年月日順に並べて、全職員で一人ひとりの発達の度合いを確かめ合う。子どもたちが自発的に描く絵から、子どもの腕や全身の発達、その子の心理的な状態などを観察して、リズム遊びでの観察とともに一人ひとりの保育内容の改善につなげている。

　描きたい衝動が頭いっぱいたまること、描きたい時、手元に材料があり描く自由な時間がある環境を保育者が用意することになる。自分の目や触覚でひとつひとつ確かめながら、驚き、表現し、認識を深めていく中で、描画が広く、深く、緻密になっていくのである。

　日々の生活の中での激しい全身運動、腕、足腰を使う畑仕事や、床の拭き掃除、動物の飼育、ふとんの上げ下ろし、のこぎりを使っての薪切りなどの仕事をさせてきたことが、指先の緻密な発達を促すのに役立っているのであり、絵の展開に表れているのである。生活と教育のつなが

りである。

　障害児教育の実践（図工や美術）では、「障害児の絵は共通してつまずく箇所がある」と指摘されることがある。それは、①手指でものを握る力が弱い、手指で外界に働きかける活動が見られない点。②弧状の往復運動の絵で留まり、なかなかぐるぐる丸に変化していかない点。③ぐるぐる丸を描いているけれどもなかなか形が出てこない点。④図式的な表現はできるが、人と人、人とものとの関係が説明できない点。⑤大きさや遠近の関係を構図全体の中に位置づけて描くことができない点である。

　描く活動と言葉の発達という表裏の関係は「意味づけ」が発達の出発点であり、概念化は言語のもつ大切な働きであるという理論上のポイントをおさえられる。

　「子どもの絵は見るだけでなく聞くものである」と主張されることがある。この主張は、子どもの絵を作品として受け止めるだけではなく、その作品を生み出した子どもの思いやメッセージをしっかり聞くことに大切さがあると理解できる。絵を聞くことは、特に話し言葉を駆使する幼児期の障害児保育や教育の内容・方法として期待したい。共感的な1対1の対話による描画活動に注目した斎藤の先駆性でもある。

　さらに、描画だけに限らずこれまで述べてきた斎藤の実践については、1970年代に民間教育団体として注目された浜田聾学校（河添邦俊ら）や町田養護学校（喜田正美ら）によって障害児教育で提唱された「遊びから手の労働を経て、生産的労働へ」といった教育課程の系統性、遊びと労働教育の教育課程での位置づけの大切さを再確認したい。

（4）子ども・保護者・保育者との集団づくり（協働）

　さくら・さくらんぼ保育園では子ども一人ひとりの障害・発達・生活はもとより集団づくりに力を注いでいるのも特徴である。ビデオ「さく

らんぼ坊や4」の中では、女児が運動機能に遅れのある子の着替えを手伝っている場面を取り上げている。女児は、自分と同じような体格の子にどのようにしたら服を着せやすいか、知恵を働かせながら介助した。女児は、毎日保育者が力の弱い仲間を支援している方法を見て体得しているのである。子ども同士のかかわり、模倣を通して、健常児も障害児も互いに成長しあっている。

　さらに、保護者との話し合い、懇談を重要視している。懇談を保育者と保護者との学び合い、共通理解を深めて保育園と家庭との連携を強めること、保護者同士が関わりをもつことのできる地域での居場所づくりと位置づけ、子育てへの不安を解消し、今後の見通しをもつことができるように考えている。

　障害児にとって、居場所とは安心できる場、人であると思われる。保育・教育の前提となるものであり、これからの内面、ニーズを大事にする障害児保育・教育に継承させたい。SNE（Special Needs Education）のさらなる展開に期待したい。

　特別支援教育になって、「個別の指導計画」や「個別の教育支援計画」が力説されるようになった。名称からして個人を優先しているかのように聞こえるかもしれないが、内実は、担任以外の複数の指導者、地域ぐるみで関係者が情報を共有する意味合いが込められているものである。子どもを仲立ちとした保護者、指導者（関係者）の地域でのネットワーク形成である。さらに、個別だけではなく先述したように集団にも教育力があることを確認したいものである。

5．おわりに

　斎藤は1967年にさくらんぼ保育園を開設している。大津市での全員受け入れを皮切りに、全国的には1970年代になって大都市を中心に統合保育が展開されていく。それゆえに同園はモデル園、牽引園としての

役割があった。それと、斎藤自身がすべての子どもたちに対する平等で暖かい目線をもちながら、諸科学の成果を学び自らの保育実践方法に応用していった点に大きな功績があった。障害児保育の歴史上ではまさしく「わが国の保育者の母」であったといっても過言ではなかろう。

　本章では、斎藤の障害児保育の一端を触れたに過ぎない。筆者は40年余、障害児保育と障害児教育の実践と理論を学んできた。この両者は「特殊性」と「普遍性」の両面を有すると考えている。特殊性は障害に関わること、普遍性はすべての子どもたちの発達の共通性に関わることである。斎藤もこの両面を常に考えていた。今後の保育全体の質の向上につながることを願っている。

文献
- 『斎藤公子保育実践全集　１　２　３』（1986、1987）創風社。
- 斎藤公子『改訂版　さくら・さくらんぼのリズムとうた』（1994）群羊社。
- 斎藤公子『改装版　さくら・さくらんぼの障害児保育』（2019）太郎次郎社。
- 京都教育大学教育創生リージョナルセンター機構総合教育臨床センター（2019）『教育になりたい学生のためのテキスト特別支援教育』、クリエイツかもがわ。
- 小川英彦、広瀬信雄、新井英靖、高橋浩平、湯浅恭正、吉田茂孝（2011）『気になる幼児の保育と遊び・生活づくり』、黎明書房。
- 小川英彦（2018）「10. 障害児と造形表現」（樋口一成『幼児造形の基礎－乳幼児の造形表現と造形教材－』、pp.230-231、萌文書林。

斎藤公子（1920-2009）

第6章　障害幼児を支援する保育形態（場）の変遷に関する検討
－その子に応じた場の必要性を考慮しつつ－

　障害児者支援については、ここ70年ほどの間にいくつもの理念が提唱され、それに伴い障害児者を支援する形態（場）も変遷している。それぞれの時代的な社会背景があり、障害児者はそれぞれの場に置かれることになった。状況によっては支援の受け方を選択できなかった時代もあったと思われる。障害児者教育福祉の歴史は「隔離」優先の時代から始まったと言っても過言ではなかろう。ただし、細かく検討してみると、たとえばハンセン病にみられるように、生まれ故郷の地域に帰っても労働の場が見つかるのかという不安や近隣からの差別の見方があるため、そのまま隔離施設内での生活保護のような生活を認め、帰郷をあきらめる当事者もいたことは事実である。

　今日的には、その歴史的経緯はあるものの、子どもたちのさまざまなニーズに応じようとする時代になっている。その実態からして、発達を最大に保障するには、下記に論じた形態（場）のその子に合った「選択」が必要な時代になっているのである。「選択」は子どもの発達に応じて考えられるべきものであり、形態（場）は画一的ではないのである。

　1994年6月にスペインのサラマンカでユネスコとスペイン教育・科学省によって開催された「特別ニーズ教育世界会議：アクセスと質」において採択されたサラマンカ声明の中でSNE（Special Needs Education）が提起された。それ以来、障害のある子ども、特に乳幼児期に関しては対応すべき場が多様性を帯びてきている。それらは、一人ひとりのニーズ、状況、実態に即しているという点から、「インクルージョン」さらに「ダイバーシティ」（多様性）があっても当然という今日的状況になってきたと理解できよう。

本章では障害乳幼児を取りあげるが、次第に、障害乳幼児以外の年齢層に広がっていき、特別なニーズのある子どもたち全体を対象とする過程を考えていることを断っておきたい。

１．分離保育（セグリゲーション）の開始

分離保育とは、障害のある子どものみを対象とする保育形態（場）である。

歴史的には、先駆的事業として、1938 年に開設された愛育研究所・教養部第二研究室における、東京大学心理学科の三木安正（1913-1984）を中心とした異常児保育の実験保育がある。三木は、別に保育問題研究会で「困った子」と称して園の先生方との共同事業の試みも開始している。本章では、三木は学者肌ではあるものの実践者との協働を大切にする研究者であったと評価したい。

また、京都市の精神薄弱児施設の白川学園に併設された鷹ケ峰保育園（脇田悦三園長）の一部に 30 名定員の特殊保育部の設置が許可されたのが 1955 年であった。障害幼児を対象とした園における支援活動のわが国の第一号として産声をあげたと言える。教育事業よりも先導を感じる福祉事業であったと評価できよう。全国でも戦前には数少ない施設ならではの試みとして注目できる。

もうひとつの分離保育の展開として、特殊教育諸学校幼稚部（現、特別支援学校幼稚部）がある。1955 年に恩賜財団母子愛育会が幼稚部と小学部から成る私立愛育養護学校を設置したことに始まる。ただし、たとえば 1963 年に東京教育大学附属大塚養護学校で幼稚部が設置されるものの、1950 年代から 1960 年代を通じて、全国的に幼稚部はごく一部であり、ほとんど設置されていない状況であった。そのため、文部省は 1972 年に「特殊教育諸学校幼稚部学級設置 10 年計画」を出したが、1970 年代になってもその在籍児数は増加していない状況が続い

た。1979年に養護学校（現、特別支援学校）が義務化されるが、幼稚部への就学は義務ではないために、1982年までに幼稚部がある養護学校は12校にとどまり、その後何年もその設置数はほとんど変化なしの状況が続いた。つまり、学校（幼稚部）は障害児保育の主要な担い手とはなりえなかったのである。ここからは、教育は義務教育から着手するという行政的な姿勢が読み取れるのではなかろうか。子どもの側から言うと、発達の礎を築く乳幼児期の重要性とはほど遠い発想が通っていたとも言えよう。

　他方、福祉分野での動向に注目すると、児童福祉法の第15次の改正が1957年である。ここでは「精神薄弱児通園施設」が新たに規定され、東京都北児童学園、新潟市明生園、名古屋市みどり学園、大阪府百舌鳥学園、北九州市ひまわり学園、横浜市常磐学園、小樽市さくら学園の7学園が開設された。ただ、1974年までは「原則として6歳以上」という規定があったことから、6歳以上の就学猶予や就学免除をされた児童を対象としていた点は見落とすことができない。換言すれば、福祉の施設が学校に通えない児童の受け皿となっていたのである。よって、6歳未満の障害幼児の行き場はなく、保護者は最も厳しい日々の24時間の全生活を自宅で面倒をみなければならない状況下にあったのである。公教育の遅れの露呈でもある。どの子も教育を受ける権利を有すると日本国憲法に明記されているものの、現実にはそうではない時代があったことを再確認したい。

　療育が公的に保障されるようになったのは厚生省が1972年に「心身障害児通園事業実施要綱」を策定してからであろう。その目的は「市町村が通園の場を設けて心身に障害のある児童に対し通園の方法により指導を行ない、地域社会が一体となってその育成を助長すること」である。そして対象は「精神薄弱、肢体不自由、もう、ろうあ等の障害を有し、通園による指導になじむ幼児」である。この要綱によって、就学前の障

害のある幼児も通園制の療育施設に通うことが可能になり、また、市町村で差はあるものの、徐々に療育施設が設置されるようになっていった。

　しかし、実際の受け入れをみると、重度の障害幼児は療育施設へ、軽度の障害幼児は保育所や幼稚園へという障害の程度（レベル）による振り分けが行われていたのである。まだまだ障害の程度で子どもを振り分けるという考え方が一般的な時代であった。

　ところで、2012年4月1日に児童福祉法が改正されたことにより、それまで長年あった知的障害児通園施設、難聴幼児通園施設、肢体不自由児通園施設、重症心身障害児（者）通園事業、児童デイサービスが、障害児通園支援のくくりになった。障害児通園支援というのは、児童発達支援、医療型児童発達支援、放課後デイサービス、保育所等訪問支援のことである。

　新たに規定された児童発達支援センターや児童発達支援事業とは、障害のある子どもや何らかの支援を必要としている子どもに対して、専門的な指導を行なう機関であり事業である。すなわち、身近な地域のセンター的役割として、それまでにない新しい形態（場）が登場したとみられよう。

　ここでは、障害幼児が通園することを通して、一人ひとりの障害に応じた支援、個別の指導（個別の指導計画、個別の教育支援計画）や小集団での療育活動、専門的な訓練など、さまざまな支援を受けられることを目指している。同時に、保護者への支援も行われており、日々の子育て上の悩みの相談、具体的な育児方法のアドバイスなどの家族支援もなされている。近年では、「ペアレント・トレーニング」といった呼び方もされるような支援方法も出てきている。

　また、保育所や幼稚園や認定こども園に入園する前に児童発達支援センターに通っていたり、入園後も並行通園として児童発達支援センターに通ったりしている子どもがいる。こうした現況から、保育所や幼稚園

や認定こども園が、最も身近で多くの連携をとっている機関となりつつある。個別の教育支援計画の一環である。それぞれの関係機関の専門性と補完性が発揮され、障害幼児の発達が促されることがいっそう期待される。

このように、障害幼児の発達を促すために、一番良い方法を、柔軟に「選択」できるという考えに代わってきている。発達に応じて、固定的ではなく可能性を考えることの大切さを学ぶことができる。

2．統合保育（インテグレーション）の志向へ

統合保育とは、障害のある子どもと障害のない子どもを対象として一緒に保育する場である。統合は「障害児＋健常児」なのである。

統合保育の展開として、1950年代から1960年代には、ほんのわずかな園ではあるものの私立幼稚園で障害児の受け入れがなされたり、1970年代には、障害児をもつ親たちが自主グループを結成して、障害児が通える園を設立したりしている。

1974年になると文部省が「心身障害児幼稚園助成事業補助金交付要綱」（公立幼稚園用）と「私立幼稚園特殊教育費国庫補助金制度」を実施した。しかし、障害児を受け入れたとしても、幼稚園での障害児受け入れに対する理解はまだまだ乏しく、それまでと同じ分離保育の形態（場）がとられていた。文部省の調査によると、1980年になって、やっと全国の幼稚園の35％が障害幼児を受け入れたにすぎなかった。

一方、保育所の障害児保育については、1973年に東京都児童福祉審議会が厚生省に「当面する児童問題について」（答申）を提出した。また、同年、中央児童福祉審議会が「当面推進すべき児童福祉対策について」（中間答申）の中で、「障害児を一般の児童から隔絶することなく社会の一員として、むしろ一般の児童とともに保育することによって障害児自身の発達が促進される面が多く」として、障害児と健常児を共に保育す

ること、つまり統合保育（インテグレーション）の必要性を提言した。

　このような福祉側からの統合保育の思潮の高まりもあって、厚生省は1974年に「障害児保育事業実施要綱」を公布した。ただ、特定の保育所を指定し、対象となる障害児が「おおむね4歳以上」で「障害の程度が軽い」とされていたため、十分な支援が行えないという声があった。

　その後、1978年になると、「保育所における障害児の受け入れについて」の通知を出し、受け入れ条件を緩和した。これにより、障害児を受け入れる保育所は指定方式から一般方式に、年齢は3歳未満でも可能になり、程度はそれまでの軽度から中程度までへと拡大され、そして、補助金制度ではなく、保育士の人数加算という変更がなされた。

　同年の全国保育協議会・全国保母会が実施した「障害児保育に関する調査」では、専門療育機関との連携や障害児についての専門的な知識の不足、人員不足などの課題を抱えるという問題はあったものの、回答数の44.4%と、全国的に障害児保育が行われるように変化してきている。1974年当時は18園で開始されたが、1980年には1,674園、1996年には4,381園と増加している。保護者が24時間ずっと面倒を見続けるというかつてのような厳しい状況も少しずつ緩和されていったと言えよう。

　1970年代には障害児保育が制度的に位置づけられたという点で特徴がある。なお、「障害児保育事業実施要綱」は、①目的、②実施主体、③対象児童、④入所人数、⑤設備・備品、⑥職員、⑦保育方法、⑧関係機関の協力等、⑨国の助成等、⑩その他から規定されていた。本章では大きな転換期として指摘しておきたい。

　統合保育は、健常児の子ども集団の中で、複数の障害児を共に保育しているゆえに、両者に意義があるといえよう。障害児の発達に従来不足しがちだったごく普通の生活環境が、障害児の発達を促進する刺激となっている。一方、健常児にとってもいたわりの心や助け合いの心が育

ち、年長にもなると自分と違った他者の存在を知ることにもなる。さらに、保育者にとっては、発達をもう一度見直す・確認する契機になったり、子ども理解をいっそう深めたりすることになる。保育内容・方法の改善や子どもを仲立ちとした親と保育者の協働、地域で支えることなどにつながっている。障害児保育は、決して障害からくる特殊性のみではなく、発達の共通性といった普遍性を兼ね備えているというスタンスが重要視されるべきと思われる。

　なお、統合保育の本格的な始動は、1973年の大津市での障害児全員受け入れが有名であり、70年代に全国的な広がりを見せる。同市の衛生課が中心となって大学、保健所、医師会、助産婦会と近江学園（糸賀一雄園長）の研究部も参加してのチームで、満1歳の時点での健診を始めた。毎年約2,000人の対象児の中から80〜90人ほどの障害の疑いのある子どもとそれに倍する経過観察の必要な子どもたちを早期に発見した意義は大きい。大津市の障害児保育の大きな特徴として、保育所だけでなく幼稚園も同時に制度的に開始したこと、発見から療育へとフォロー体制が地域で築かれたことを本章では特筆したい。「保育元年」と称される理由である。

　ちなみに、1960年代に統合保育を実践していた園としては、北九州市のいずみの幼稚園、東京都の杉並幼稚園教会幼稚園、高槻市教育研究所内うの花学級、小金井市の手をつなぐ親の会中心の自主保育、札幌市のすずらん幼稚園や浄恩幼稚園、豊中市のあけぼの幼稚園障害児相談室をはじめ、園や保護者の自助グループによる集団保育もあった。名古屋市には池内共同保育所の実践を指摘できよう。加えて、つくし保育園、横須賀市のしらかば保育園、京都市の亀岡保育園、大阪市の風の子保育園、春日井市の柏井保育園などが知られている。これらの園での活動は地道で大変ではあったろうが、障害乳幼児の立場になり、保護者の苦労、大変さに耳を傾けていた園が存在していたことは見落とせない。

3．ノーマライゼーション（normarization）理念の広がりへ

　上記のように1970年代を「第一の転換期」とみるとすると、わが国では1974年ころから知的障害分野で徐々に用いられるようになったノーマライゼーションの理念に注目できよう。その理念が少しずつではあるものの浸透する中で、統合保育を実践する園が増えていったと理解することができる。そして、この時期は大都市において革新市政の市長が登場し、福祉を切り開いていった時期であることも影響していると考えられよう。

　ノーマライゼーション理念は、1950年代のデンマークに淵源をもつ。当時のデンマークでは、知的障害のある人は、巨大施設に隔離されるという状況であり、これに対して親たちが処遇改善を求めた運動に端を発する。この運動はその後、"ノーマライゼーションの父・生みの親"と称されるバンク - ミケルセンの「知的障害者の生活を可能な限り通常の生活状態に近づけるようにすること」という定義に結実している。また、ほぼ同時期に"ノーマライゼーションの育ての親"と称されるスウェーデンのニィリエが「社会の主流となっている規範や形態にできるだけ近い、日常生活の条件を知的障害者が得られるようにすること」と整理している。以上のふたりの提唱者の生活原理を再構成して、理論化・体系化したのがヴォルフェンスベルガーである。彼は「少なくとも平均的な市民と同じ生活状態を可能にするため」とし、1960年代後半からアメリカにおいて紹介し、世界的に普及させた功績がある。

　この理念は、国連でも「知的障害者の権利宣言」（1971年）、「障害者の権利宣言」（1975年）、「国際障害者年行動計画」（1980年）、「障害者に関する世界行動計画」（1982年）などで基本理念として位置づけられた。わが国でも「国連・障害者の10年」（1983年 -1992年）に呼応して、具体的な取り組みが開始され、1995年に策定された「障害者プ

ラン」では、地域における生活という柱立てがなされている。

　理念の特徴は、①人間として尊重される。②平等と機会均等が保障される。③地域社会の中で権利が実現される。④人間らしくより豊かに生活するためのQOL（生活の質）が保障されるにある。

　元来、ノーマライゼーションは、知的障害のある人のために広まった考えであったが、最近ではグループホームの地域での展開にみられるように高齢者を含めたすべての福祉分野で扱われる理念といえよう。さらに、関連した考えには、建物や交通手段などにあるさまざまな障壁（バリア）の解消をめざす「バリアフリー」、障害があっても誰もが利用・参加できる普遍的な環境作りをめざす「ユニバーサルデザイン」があげられる。今後、幼稚園や保育所や認定こども園ではこうした環境整備をさらに進めていくという課題があると思われる。「合理的配慮」をいかにして園内の共通理解にしていくかといったことが質の高い保育につながってくると考えられる。

4．インクルージョン（inclusion）という広がりの中で

　障害児保育・教育と通常の保育・教育の制度的な一体化を意味する用語としては先述した統合（インテグレーション）があり、障害児＋健常児という意味をもつ。これに対して、子どもを障害の有無で２つに分けるのではなく、一人ひとり固有の個性やニーズをもつ子どもたちととらえ、各々に必要な支援を個別に行っていく考えをインクルージョンという。ノーマライゼーションの理念の普及をふまえる考えでもあろう。インクルージョンとは「包括」「包み込む」を意味する。

　ところで、本章の冒頭で述べたように1994年にスペインのサラマンカにおいて、ユネスコとスペイン教育・科学省によって「特別ニーズ教育世界会議：アクセスと質」が開催され、その中で「特別なニーズ教育における原則、政策、実践に関するサラマンカ声明ならびに行動の枠組

み」が採択され、新たな教育のあり方が提言された。このサラマンカ声明のキーワードが「インクルージョン」である。それは、特別な教育的ニーズのある子どもだけではなく、すべての子どものためにという着眼である。この声明の第53条には、幼児期の教育としてインクルージョンを認識すべきと明記されている。それゆえに、通常の保育や教育自体を変えていこうともう一段理念アップした点でインテグレーションとは異なる。

　包括的な保育・教育とは、すべての子どもたちに開かれた教室、保育施設、制度を意味する。包括的な保育・教育の下では、すべての子どもたちが参加することが保障されている。これを実現させるためには、それぞれの子どもたちがもつニーズを考慮して、子どもたちが園生活のすべての部分に関わることができるよう、保育者、園、制度が変わらなければならない。

　この理念の特徴は、①すべての子どもたちは、教育を受ける権利をもっている。②障害の有無、国籍、貧困などを理由に、排除や差別してはならない。③子どもが学校に適応するのではなく、学校が子どもの必要に応じる。④子どもたちの違いは、問題ではなく重要性や多様性の源である。⑤さまざまなニーズや発達の支援に取り組むにある。

　この考えでは、現状では排除されている集団も含めて、すべての子どもたちが主流の保育制度の中に参加し、そこで効果的に保育されるようになることをめざすことになる。保育の原理は、一人ひとりの子どもたちを理解して支援の方法や内容を考えることである。そう考えると、障害の有無に関係なく、ニーズを探ることと、内面を理解した上で保育を検討することは保育の原点であるのかもしれない。

　普遍的な面（共通性）と特別な面（特殊性）を併せ持っているのが、インクルージョンである。特殊性を力説するばかりでなく、すべての子どもに共通する普遍性を求めていく姿勢である。換言するならば、障害名

に目を奪われて、子どもの真の姿が理解できなくなるのが問題なのである。障害のある子どもが存在することが当たり前の園生活ということになる。

「第二の転換期」に相当する 2007 年に開始されたわが国の特別支援教育の新しい制度では、発達障害児への対象拡大はあったものの、障害児を対象とする保育・教育に注目され、包括的なという捉え方からは限定的であったと評されても仕方ないと言えよう。特別な教育的ニーズをもつさまざまな子どもたちを対象として、きめ細かな、一人ひとりに行き届いた保育・教育するには残念ながら至っていないと言っても過言ではなかろう。加配や支援員の増加などといった新たな制度が作られて、特別支援教育の充実といった方向に進むと考えられる。

5．ダイバーシティ・インクルージョン（diversity inclusion）の新たな理念の構築へ

本章では、ダイバーシティ・インクルージョンを、前述したインクルージョンの理念の延長上ではあるものの、今後の保育・教育の質を一段と高めるものとして試論的に提起しておきたい。

著名な童謡詩人の金子みすゞは『私と小鳥と鈴と』の中で、「みんなちがって　みんないい」という一節を綴った。クラスにはいろいろな子どもたちがいて当たり前、その子どもたちに配慮（合理的配慮）ができる雰囲気や共通理解があること、保育者にはさまざまな特別なニーズに関する知識と力量、細やかな計画が求められる時代が一歩ずつ近づいている。ダイバーシティ・インクルージョン保育は、さまざまな子どもたちの教育的ニーズにしっかり応え、これからの保育を支え、切り拓く崇高な理念であることを確認したい。

ここでは、「ダイバーシティ（互いの多様性）・インクルージョン（互いを受容）の基本は、人間性の多様性に注目した上で、その多様性を積

極的に受け入れることである。多様性を認め互いに尊重し合う態度や考えを子どもたちが身につけることを目的とした保育・教育がダイバーシティ・インクルージョン保育であると言える。多様な人材が活躍することは、学級・園のみならず社会の発展にもつながると考え、一人ひとりが能力を最大限に発揮しながら参加できる持続的発展が可能な社会形成を目指す理念と戦略が、diversity and inclusion である。」ととらえたい。

　園では、1990年代後半より「気になる子」が注目されてきた。これは、障害児のみを対象とする用語ではなかった。障害児はもちろんのこと、発達障害児、アレルギー児、病弱児（医療的ケア児も含む）、外国にルーツのある子ども、貧困の家庭にある子ども、ひとり親である子ども、虐待にあっている子どもなどである。

　たとえば、第5章で述べたように、2022年12月には、文部科学省は小学校と中学校の通常の学級に在籍する発達障害児である可能性のある子どもの割合を8.8%と公表した。10年前の全国調査が6.5%であったことから、その増加率には驚かされる。さらに、小学2年生と比べると、小学1年生はその割合が高いことを朝日新聞がその12月に報道している。このことから、幼児期になればさらに割合が増えると予想することができる。発達障害児以外に多様な子どもたちが眼前にいる。こうした子どもたちの発達を保障していく課題がある。ダイバーシティという用語を付加していく必要性がここにあると考える。

　今日的な保育課題として、本章では合理的配慮を園内で共通理解にすることを提起しておく。障害者の権利に関する条約第24条に「個人に必要とされる合理的配慮が提供されること」が規定されている。そこでは障害のある人が有する力を発揮できるための観点が述べられるが、乳幼児期段階においては、能力発揮だけでなく、能力を可能な最大限まで発達させるという観点も重要になってこよう。

　なお、第7章で詳述するが、文部科学省が2012年に提起した「合理

的配慮等環境整備検討ワーキンググループ報告」では、学校教育段階を主に念頭に置き、①教育内容、②教育方法、③支援体制、④施設・設備が明示されている。この観点は乳幼児教育段階においても十分に共通して活用されるべきものと考えられる。

これからの質の高い保育・教育、子どもの最善の利益につながる重要な理念になっていくであろうことをダイバーシティ・インクルージョン保育には期待したい。

民主主義に必要なのはダイバーシティの尊重である。一人ひとりの自主性や個性を大切にすることは民主主義の根幹にかかわることである。

「子どもが園に合わせる」のではなく、「園が子どもに合わせる」といった新しい発想を投げかけているのかもしれない。

文献
- 柴崎正行（2014）『障がい児保育の基礎』、わかば社。
- 水野恭子（2015）「障害児保育の歩みとこれからの障害児保育実践に向けて」（愛知教育大学幼児教育講座『幼児教育研究』第16号、pp.77-82）。
- あけぼの幼稚園障害児相談室、室長安家茂美（1974）『治療教育の実践〈綜合編〉』。
- 日本精神薄弱者福祉連盟（1997）『発達障害白書　戦後50年史』、日本文化科学社、pp.73-77、pp.197-215、p.562。
- 田中良三（1987）「障害児保育」（青木・深谷・土方、秋葉『保育幼児教育体系　第6巻　12』、労働旬報社、pp.115-132）。
- 玉村公二彦、黒田学、向井啓二、平沼博将、清水貞夫（2015）『新版　キーワードブック特別支援教育－インクルーシブ教育時代の基礎知識－』、クリエイツかもがわ。
- 京都教育大学教育創生リージョナルセンター機構総合教育臨床センター（特別支援教育臨床実践拠点）（2019）『教員になりたい学生のためのテキスト特別支援教育』、クリエイツかもがわ。
- 川上輝昭（2022）『50人の天才児物語』、弘報印刷株式会社出版センター。
- 田中謙（2015）「戦後日本の障害乳幼児支援の展開過程における教育行政の

動向－幼稚園および養護学校幼稚部に焦点を当てて－」（年報『教育経営研究』、Vol.1、No.1、pp.42-57）。
- 小川英彦（2017）『ポケット判　保育士・幼稚園教諭のための障害児保育キーワード100』、福村出版。
- 小川英彦（2022）「インクルージョン保育・幼児教育の構築」（全国児童養護問題研究会『社会的養護研究』、創英社、Vol.2、pp.75-81）。
- 小川英彦（2022）「分離から統合へ、そして包括へ：歴史的な経緯」（小川英彦・田中謙『ダイバーシティ・インクルージョン保育』、三学出版、pp.21-26）。
- 田中謙・小川英彦（2024）『ダイバーシティ・インクルージョン保育を進めるための園経営ガイドブック』、三学出版。

第7章　障害児保育の質の向上をめざして

１．はじめに

　筆者は、今日までの障害児保育の歴史を、①戦前における障害児保育、②障害児の受け入れ、分離保育の考えが台頭する障害児保育、③統合保育が全国的に展開される障害児保育、④特別支援教育へと移行していく障害児保育という時期区分をして整理した。歴史とは過去との対話を通した未来への遺産継承の営みであると考えている。先駆的実践者の営為や資料が、過去と現在を、さらに現代と将来を結ぶ架け橋になっている。それゆえに、本章では、今日に至るまでの経緯を理解しながら、今後の障害児保育の方向性について論述する。

　現在保育界の課題として話題となっている「豊かな、質の向上」を図ることを障害児保育界でも目指して、これからのキーポイントと考えられる諸点について検討することを目標とする。

　まずは近年の多様な保育現場（保育所、幼稚園、認定こども園を法令によっては幼児教育施設とも称するが）をふまえて「ダイバーシティ保育」の提起を行う。

２．ダイバーシティ・インクルージョン社会の進展

　第６章でも若干取り上げたが、ダイバーシティ・インクルージョン社会とは、社会の構成員が文化や価値などの多様性を互いに尊重し合い、受容し合うことで、一人ひとりが能力を最大限に発揮しながら参加できる持続的発展が可能な社会である。

　2015年9月に開催された「国連持続可能な開発サミット」において、「私たちの世界を変革する：持続可能な開発のための2030アジェンダ」が採択され、その中で、持続可能な開発目標（SDGs）が示された。

　今日の国際社会では、地域社会を構成する各組織が、SDGsの達成を

通してより良い社会づくりを目標に活動を進めている。そして、このSDGs を達成するために必要であると考えられているのが、ダイバーシティ・インクルージョン社会の進展である。

3．保育現場における対象児の多様性

　本章においては、園にいる多様なニーズのある子どもたちを念頭において、以下に要点をまとめたい。

　保育現場で障害児の受け入れが本格的に開始されたのは 1970 年代に入ってからである。いわゆる分離保育に加えて、新たに健常児と障害児がともに園で生活をする統合保育の形態が生じてきたのである。

　わが国の保育現場には、「気になる子」と称される子どもたちが多数いるのが実態である。「気になる子」という用語が公的に報告されたのは、1997 年 12 月の全国保育問題研究協議会編『季刊保育問題研究』168 号であると言われる。「気になる子」が取り沙汰されて 30 年近く経過し、保育現場のどの学級にもこのような特別なニーズのある乳幼児がいるのが当たり前の時代になっている。現在保育士、幼稚園教諭、保育教諭が対象児としている「気になる子」は、障害児、発達障害児、アレルギー児、病弱・医療的ケア児、外国にルーツのある子、貧困家庭の子、ひとり親になっている子、虐待にあっている子などである。こうしたダイバーシティ（多様性）に対応できる園経営が求められる時勢になっている。

　ところで、わが国では 2007 年よりそれまでの特殊教育にかわって特別支援教育へと新たな制度が開始された。その理念の特徴は、①発達障害児を対象児に追加しての明確化、②ライフステージにわたる支援、③地域支援、④共生社会の形成であることを、同年 4 月に文部科学省から出された「特別支援教育の推進について（通知）」から読み取ることができる。

以上のような子どもたちが話題になるようになった理由には、社会的な背景があると思われる。子どもは社会の中で生きているのであって、時代や社会が変わっていけば児童をめぐる新たな問題が発生することはあり得よう。本章では、①地域社会の変化（人間関係の疎遠化、近隣関係の希薄化など）、②家庭の変化（生活リズムのずれ、核家族化など）、③経済産業界の変化（外国人労働者への依存、所得の伸び悩みと物価の上昇など）があって、子どもたちの能力・体力・行動などに一定の影響を及ぼしていると考えたい。元来あった家庭や地域の教育力の低下、安定した雇用や収入といった経済の脆弱化とでも言えよう。

（１）「気になる子」の基本的な子ども理解
　幼児期の「気になる子」と称される子どもたちは、心身や行動面などでのいろいろな特徴がみられる。子どもの立場になるならば、「困った子」と捉えるのではなく、「先生、困っているんだよ、何とかしてよ」とSOSを発信している子どもたちと理解したいものである。そして、保護者への支援も課題として取り上げられている。
　著名な童謡詩人の金子みすゞは『私と小鳥と鈴と』の中で、「みんなちがって　みんないい」という一節を綴った。園には多様な子どもたちがいるのは当たり前である。全員が一人ひとりの個性をもち、能力や人格が違うのが前提である。
　保育は、未来を担う子どもたちの人権を擁護し、一人ひとりのもつニーズを大切にし、どの子どもも最善の利益を受けることができるように配慮されなければならない。この点は、後述する合理的配慮の必要性に関する事柄である。ある子どもが不当に差別されたり、不利益を被ったりしてはならない。これはわが国が批准した子どもの権利条約の理念にも合致する。
　どのような事情があろうと、特別なニーズのある子どもを遠ざけては

ならない。まずは、受け入れ、包み込んで、多様な子どもたちとその保護者とのつながりを図り、支援していくことになる。

　次に、「気になる子」の中で、特別支援教育で対象となっている発達障害のある子ども、毎年かなりの人数が増えている外国にルーツのある子どもと、近年、試行的ではあるものの保育現場に入園しつつある病弱・医療的ケアを必要とする子どもについて、その実態や支援を述べてみる。

（２）発達障害のある子どもの実態と支援
　発達障害という言葉を耳にする時代になりつつあるが、なかなか明快な定義がわかりにくいとも言われる。本章では、発達障害の基本的理解として、「知的な遅れはないものの何らかの特異な行動がみられる障害」であるとしたい。

　ところで、発達障害の可能性がある子どもはどのくらいの割合で存在するのであろうか。第５章、第６章で述べたように、2022年12月に文部科学省から、小学校と中学校の通常の学級に在籍する発達障害児である可能性のある子どもの割合が8.8％と公表されている。10年前の全国調査では6.5％であったことより、大きく変化していることに注意する必要がある。同年12月7日の朝日新聞は、小学２年生と比べると、小学１年生はその割合が高いことを報道している。このことは、幼児期にはさらに割合が高いことを予想させる。

　たとえば、数値上ではあるが、30人学級には３人近く発達障害児がいると想像される。その子たちを一人の担任で支援するには当然限界・無理が生じることになる。加配や支援員の増員など、園全体で、さらに各自治体で今後どう対応していくべきかを投げかけている。

　ここでは、DSM-5の名称に従って園の事例検討会で出される５種類の障害名と発達（○○の力）の弱さをセットとして述べておきたい。①非常にかなり軽い障害がもしかしたらあるかもしれないと想定される、

境界線上にいる子：全般的な力の乏しさがある。②自閉スペクトラム症（ASD）の子：社会性の障害、コミュニケーションの障害、こだわりの3つ組がみられる。③注意欠如・多動症（ADHD）の子：不注意、多動、衝動性がみられる。④限局性学習症（SLD）の子：読み、書き、計算、推論する学力面のつまずきが極端にある。⑤発達性協調運動障害の子：手指の不器用が感じられる、協調運動がなかなかできない。

　以上の発達障害については、早期発見に苦心しているのが幼児期の特徴でもある。もともと乳幼児期は発達が未分化な時期に相当して、障害があるか否かがはっきりしないわかりにくい部分がある。障害児保育の難しさのひとつと言っても過言ではない。ゆえに、現行の1歳半健診と3歳児健診のほかに、5歳児健診を加えている自治体が徐々に増えてきている。1996年に5歳児健診を最初に行った鳥取県では2007年に全自治体が実施しているなどの先行地域もある。5歳児健診を行うことによって、たとえば限局性学習症と診断された子どもの支援へのつなぎや、幼児期から学齢期への円滑な移行を可能にすることが明らかにされている。園と地域の保健システムの協働が推進され、子どもの発達を保障することになる。

　2005年に施行された発達障害者支援法の中には、地方公共団体の責務として、発達障害の早期発見、早期支援が掲げられている。また、厚生労働省は5歳児健診の実施にあたって「発達障害児に対する気づきと支援のマニュアル」を公開し、共通の認識が得られるようにしている。構造化された診察手順や問診票などの健診検査ツール、受診した事例をみることができる。

（3）外国にルーツのある子どもの実態と支援

　外国にルーツのある子どもとは、①外国籍の子、②無国籍の子、③日本国籍（二重国籍）の子、④外国出身の保護者とともに暮らす子に大別

される。現状の園では、こうした多様な国籍で、さまざまな民族的、文化的背景をもつ子どもたちが生活している。保育現場では、出身の国（母語）はもとより、年齢、滞在期間、来日時期、保育歴、その他の要因（家族などの状況）を考慮する必要がある。

　厚生労働省の公表によると、2022年10月末現在のわが国における外国人労働者数は1,822,725人で、前年比で95,504人増加し、届出が義務化された2007年以降、過去最多を更新している。国籍別では、ベトナムが最も多く外国人労働者数全体の25.4%、次いで中国が同21.2%、フィリピンが同11.3%となっている。

　そして、外国人雇用事業所の多い都道府県は、関東地方では東京、群馬、埼玉、千葉、神奈川、東海地方では愛知、岐阜、静岡、三重、関西地方では大阪、滋賀となっている。ものづくりといった製造業の盛んな都市に集中する傾向が明らかであり、事業規模が小さいほど、外国人雇用が進んでいることが浮き彫りになっている。一例として、愛知労働局によると外国人労働者数は188,691人で、外国人雇用事業所とともに東京に次いで全国2位と中日新聞が報道している。

　外国にルーツのある子どもたちと保護者が抱えやすい大変さとしては次の事柄がある。第一に、言語の面では、学習機会・学習支援機関が不足している。生活言語や学習言語である日本語の力が不足している。母語喪失のケースでは保護者との会話が成立しない。第二に、園内での支援機会が少ない。いじめを受けたり、不登園になったりする。発達面でつまずきや能力獲得上の困難さをもったりする。第三に、家庭・生活の面では、外国人シングルマザーになっている。経済的に困窮している家庭が多い。親が夜勤である。きょうだいが子育てをしているケースがある。基本的生活習慣が未確立である。食事に乱れがみられるケースがある。第四に、心と体の面では、異文化不適応の可能性が高まる。家庭内の言語状況により心身が不安定化する。

外国にルーツのある子どもには、言語障害ではないものの、日常的な日本語での会話や生活・遊びに課題があり、保育者も意思を理解することが難しい場面が数多くある。保育を成り立たせる基盤として言語があるので、こうした子どもには、言語教育の課題は特別なニーズとして緊急に対応することが必要になっている。外国籍なので確かに言語の壁は大きいといえようが、その上に二次的に生活上の不安定な状況が起きていることに留意しなければならない。

　支援では、一人ひとりの個人差が大きいために、個別指導がどうしても不可欠になってこよう。さらに、宗教や生活習慣の相違から疎外感や違和感を抱くことが多いので、基本的人権を尊重し、お互いを認め合い、思いやりをもって多文化共生社会を作ることが大切になってくる。

　幼児期での支援例としては、たとえば愛知県のある園は、外国籍の子どもたちが相当数を占める自治体にある。その自治体では、日系ブラジル人の保育士が母語（ポルトガル語）に対応した保育を行っている。定期的にその自治体の数園を巡回して、母語に対応した一人ひとりへの支援を続けている。その保育士が園に来る日は、外国籍の子どもたちは母語に対応してもらえることから、気持ち良く園での生活ができ、他児とのトラブルが少ないという評判である。

　また、製造業の工場で働いたり、公営の団地に住んだりしている外国人労働者の子どもたちが多くいる地域では、保育者が一丸となって、家庭訪問したり、地域と協力したりして、子どもたちの意欲や生活力の形成に取り組んでいる例もある。地域を巻き込んで子どもたちの発達を保障していくという発想に注目したい。

　わが国では2008年をピークに人口が減少傾向に転じている。将来のことを考えると外国人労働者の受け入れ拡大とそれに伴うその子どもたちの保育の課題をもっと議論する時期にきていることは間違いない。

（4）病弱・医療的ケアを必要とする子どもの実態と支援

　わが国における重症心身障害児への療育の開始には 2 つの潮流があると言われる。ひとつは、小林提樹によって 1961 年に開設された「島田療育園」で、もうひとつは糸賀一雄によって 1963 年に開設された「びわこ学園」である。前者は、障害児の医療と相談、在宅児家庭も含めた親支援に特徴がある。後者は、「この子らを世の光に」という名言を残しノーマライゼーションの先駆け、発達保障の理念を築いた点に特徴がある。こうした先駆的実践者の療育思想には、医療・保育・教育・福祉の総合的な支援体制づくりが強調されている。

　それから約半世紀して、医療的ケア児への対応が叫ばれるようになってきた。なかなか光のあたりにくい重度の障害の子ゆえに注目したい動向である。その法律の動向は以下の通りである。

　2011 年、文部科学省は「特別支援学校等における医療的ケアの今後の対応について」を出し、医療的ケア児が安全に、かつ安心して学ぶことができるよう、医療的ケアを実施する看護師などの配置及び活用の計画推進、看護師を中心とした教員などとの連携協力による支援体制整備を通達した。

　次いで、2016 年「医療的ケア児の支援に関する保健、医療、福祉、教育等の連携の一層の推進について」では、関係機関との連携による医療的ケア児を含む障害のある児童生徒などに対する乳幼児期から学校卒業後までの一貫した教育相談体制の整備が通達された。

　また、2017 年の厚生労働省によれば、医療的ケア児とは「人工呼吸器を装着している障害児その他の日常生活を営むために医療を要する状態にある障害児」とされている。

　2012 年の児童福祉法改正による障害児施設・事業の一元化により、重症心身障害児施設は医療型障害児入所施設になっている。しかし、専門的スタッフの確保や保育に費用がかかるという財源の問題から、医療

的ケア児は、地域の保育現場だけでなく、障害福祉サービスにおいてさえ受け入れがなかなか進んでいないことがあった。換言すれば、医療的ケア児の多くは、家族、特に母親の24時間の休みのない介護によって支えられてきた。こうした状況の中、やっと2021年に「医療的ケア児及びその家族に対する支援に関する法律」が施行され、国や自治体の責務、保育所の設置者、学校の設置者などの責務、さらには、医療的ケア児支援センターの設置について明記された。

　まだまだ医療的ケア児を受け入れている保育現場は少ないのが実情である。保育現場に入園できない場合は親が仕事をあきらめなくてはならない。今後は、そのようなことがないような社会にしていかなくてはならない。

　この問題の解決に向けては、愛知県岡崎市にある竹の子幼稚園（平岩ふみよ園長）の長年にわたる実践に注目できる。また、認定NPO法人フローレンスが、2014年に長時間保育できる障害児保育園ヘレンを東京都杉並区に開園した。ヘレンは事業の質と量の充実を図って、関係する園をいくつか立ち上げており、単なる医療的ケア児の受け皿としての保育所に留まらない。これらの実践はインクルーシブな社会の創造に向けて社会に発信していることを理解できよう。

　保育所保育指針では2000年から病児保育が正式に位置づけられた。病気にかかっている子どもたちに対して、身体的、精神的、経済的、教育的、宗教的な発達へのニーズを満たすために、保育士や看護師や栄養士などの専門的スタッフによって、保育と看護を行い、子どもの健康と幸福を守るための支援と理解できる。

　病児保育は、大きく施設型と訪問型に分かれる。前者は病気の子どもを親が施設に連れていき、病児保育施設で預かるものである。後者は保育士が病児のいる家庭に訪問して、家庭の中で保育するものである。

　関連して保育現場ではアレルギーのある子どもたちが増えていること

が時々報道される。各自治体ではガイドラインを作成したりしてその対応にあたる時代になっている。そして、一人ひとりの実態に応じた対応方法を試みている。子どもたちの命の安全を図ることは必須のことでもある。

4．園内での共通理解に
（1）インクルージョンについて

　第6章で述べたように、「インクルージョン」が叫ばれた契機は、1994年6月にスペインのサラマンカでユネスコとスペイン教育・科学省によって開催された「特別ニーズ教育世界会議：アクセスと質」にある。この大会で採択されたサラマンカ声明の重要なキーワードがインクルージョンであり、包括的とか包み込むという意味で、特別なニーズのある子どもたちへの保育を考慮するものである。すべての子どものために、万人のための園にするという発想である。

　ところで、文部科学省は2012年に「共生社会の形成に向けたインクルーシブ教育システム構築のための特別支援教育の推進（報告）」を出している。この中で「共生社会の形成に向けて、障害者の権利に関する条約に基づくインクルーシブ教育システムの理念が重要であり、その構築のため、特別支援教育を着実に進めていく必要がある」と記している。このことから、特別支援教育はインクルーシブ教育を築いていくことを目指すものであると理解できる。後述する合理的配慮の必要性は障害者の権利に関する条約にもよる。

（2）ダイバーシティ・インクルージョンについて

　ダイバーシティ（互いの多様性）・インクルージョン（互いを受容）を推進する基点は、人間の多様性に注目した上で、その多様性を積極的に受け入れることにある。多様性を認め、互いに尊重し合う態度や行動を

子どもたちに形成することを目的とするのが、ダイバーシティ・インクルージョン保育ととらえることができる。多様な人材が活躍することは、園のみならず社会の発展にもつながると考えられる。

わが国の現状を見渡すと、たとえば、「企業従業員のダイバーシティ」と言われるように、経営面での指摘は多数あるものの、保育や教育面での指摘はまだ少ないと言えよう。だからこそ、園には、国籍、人種、性別、年齢、障害などの差別を許さず、一人ひとりの価値観や文化背景や個性などを含めた広い意味での多様性を重んじ、メンバー各人が対等に自由にともに活躍できる保育環境を整備し推進していくことが求められる。ダイバーシティ・インクルージョンは、新たな着想や変革といった改革論を内包しているのである。

（3）合理的配慮について

「合理的配慮」は、2006年に国連で採択された障害者の権利に関する条約第2条に「障害者が他の者と平等にすべての人権及び基本的自由を享有し、又は行使することを確保するための、必要かつ適当な変更及び調整であって、特定の場合において必要とされるものであり、かつ、均衡を失した又は過度の負担を課さないものをいう」と定義される。ここからは、障害があるからといって不当な差別を受けないような配慮をすることと理解することができる。

さらに、同第24条の教育においては、教育についての障害者の権利を認め、この権利を差別なしに、かつ、機会の均衡を基礎として実現するため、障害者を包容する教育制度などを確保することとし、その権利の実現に当たり確保するもののひとつとして、「個人に必要とされる合理的配慮が提供されること」が明確に位置づけられている。

以上の規定より、合理的配慮は障害のある人が能力を発揮できない状態を解消し、有する力を発揮できるようにするためのものであると理解

できる。ただし、乳幼児期や学齢期においては、有する能力を発揮する観点だけでなく、能力を可能な最大限まで発達させるという観点も含めることが大切になってこよう。

　文部科学省が2012年にまとめた「合理的配慮等環境整備検討ワーキンググループ報告－学校における『合理的配慮』の観点－」は参考になると思われる。その項目は、①教育内容－学習上又は生活上の困難を改善・克服するための配慮、学習内容の変更・調整。②教育方法－情報・コミュニケーション及び教材の配慮、学習機会や体験の確保、心理面・健康面の配慮。③支援体制－専門性のある指導体制の整備、幼児児童生徒・教職員・保護者・地域の理解啓発を図るための配慮、災害時などの支援体制の整備。④施設・設備－校内環境のバリアフリー化、発達・障害の状態及び特性などに応じた指導ができる施設・設備の配慮、災害時などへの対応に必要な施設・設備の配慮である。

　保育現場における合理的配慮の具体例としては、一人ひとりの状態に応じた教材などの確保、移動や日常生活の介助及び遊びや学習面を支援する人材の配置、バリアフリー・ユニバーサルデザインの観点をふまえた障害の状態に応じた適切な施設整備などがある。

　2013年6月に「障害を理由とする差別の解消の推進に関する法律（障害者差別解消法）」が制定され、すべての国民が障害の有無によって分け隔てられることなく、相互に人格と個性を尊重し合いながら共生する社会を目指すようになり、社会環境や法制度の整備が少しずつではあるが進んでいる。しかし、まだ障害者にとっての障壁は多く存在していると言っても過言ではなかろう。地域社会において、障害者とともに暮らしている人々が、障害及び障害者への理解を深めていくことが必要である。

　園において多くみられる障害に自閉スペクトラム症（ASD）がある。2005年に施行された発達障害者支援法において発達障害のひとつとし

て規定され、次のような特徴がある。①人への反応やかかわりの乏しさなど、社会的関係の形成に特有の困難さがみられる。②言葉の発達に遅れや問題がみられる。③興味や関心が狭く、特定のものにこだわる。④以上の諸特徴が遅くとも3歳までに現れる。

　①への配慮は、特定の指導者や少人数との関わりから徐々に対人関係を広げていくことになる。本人が入りやすい集団の規模（人数）を斟酌すべきである。安心できる三間（時間・空間・仲間）の確保である。

　②への配慮は、絵カード、写真などの視覚入力を取り入れて、言葉のやりとりだけに終始せずに、個に応じたコミュニケーション手段を選択することになる。

　③への配慮は、不安が強いといった場面に遭遇している時があろう。クールダウンして不安を取り除いたり、こだわりに付き合ったりしていくことになる。場面転換を読み取る力、先を見通す力をつけていくことが課題となる場合がある。

　その他の特性として千差万別、ケースバイケースであるが、感覚過敏については、指導者の声の大きさ、外部の音と光への配慮などがある。構造化については、一場所一活動といったわかりやすい教室環境（間仕切り、コーナーの活用）がある。

　最後に、園においては、日々の生活・遊びにおいて「困っている」と感じている子どもたちがいることは否めない。さらに、社会や環境の変化によっても、今後さまざまな対応が求められていくことが予想される。

　いろいろなメンバーで構成されている園という共同・協働する場において、①互いの違いを尊重し、受け入れ、違いを活かしていくこと、②自分とは異なる相手や、少数派（マイノリティ）を排除せず、いろいろな人がいて当たり前とすることを再確認していくことが、これからの豊かな、質の高い保育の形成につながる。さらに、差別のない社会の形成、

平和な社会の形成にも寄与する。

　グローバリゼーションの進展の中で、社会に貢献できる個人を育てるためには、さまざまなバックグランドをもつ人々を含む保育の環境づくりがもっと提起されることが重要な意味をもつと考えられる。

　加配や研修（園内研修、園外研修、自主研修）などといった今後に残された課題はあるものの、これからの環境づくりを展開させるためには、ダイバーシティ・インクルージョン保育といった理念をいっそう打ち出す意義はある。

5．おわりに

　本章では、障害に限らず特別なニーズのある子どもたちの保育・教育（Special Needs Education）を構築するために、ダイバーシティ・インクルージョンの理念に今後の支援の方向性を提起した。

　園では①互いの「違い」を尊重して、受け入れ、「違い」を活かしていくこと、②自分とは異なる相手や、少数派（マイノリティ）を排除せず、「いろいろな人がいて、当たり前」をすることを再確認していくことが、今後の質の高い保育・教育の提供になると考えられる。

　ダイバーシティ（互いの多様性）・インクルージョン（互いの受容）の基本は、人間性の多様性に注目した上で、その多様性を積極的に受け入れることである。多様性を認め互いに尊重し合う態度や考えを子どもたちが身につけることを目的とする。

文献
- 小川英彦・田中謙（2022）『ダイバーシティ・インクルージョン保育』、三学出版、pp.21-26。
- 小川英彦（2017）『ポケット判保育士・幼稚園教諭のための障害児保育キーワード100』、福村出版、pp.48-57。
- 小枝達也（2017）「5歳児健診：20年間の経験」（認知神経科学会『認知神

経科学』19、pp.7-12)。
- 厚生労働省（2023）「外国人雇用状況」の届出状況まとめ（令和4年10月末現在）。
- 中日新聞（2023）外国人労働者数過去最高を更新、2023年2月10日朝刊県内版。
- 平岩ふみよ（2011）「気になる幼児の発達を支える家族、地域支援」（小川英彦・広瀬信雄・新井英靖・高橋浩平・湯浅恭正・吉田茂孝『気になる幼児の保育と遊び・生活づくり』、黎明書房、pp.27-36)。

資料　「平和」と戦災孤児・障害児者

　核戦争の脅威が増しつつある今、「平和」を全地球上で考える時期に来ているのではと心配させられる。

　「戦災孤児」と称されるのを死語としてはいけない。1948年の厚生省の調査では、戦後の孤児総数は約12万3,500人とされた。しかし、沖縄戦の孤児や養子になった孤児は含まれず、駅などで寝起きする「浮浪児」も多くいた。行政は「刈り込み」として、巡回して強制保護し施設に入所させることを繰り返したが、劣悪な施設の対応に耐えかねて逃げ出す子が後を絶たないとされた。障害児教育福祉の歴史の上で、先駆的実践者である糸賀一雄が近江学園を創設した経緯もここにある。

　2023年8月9日の朝日新聞には「マッカーサー率いるGHQは原爆に対する報道を統制。熱線や爆風、放射線の被害の実態は封じられた。米国は自国民に対し、核兵器が残虐であることを隠していた。多くの人が事実を知れば、政府が批判されるからだった」と報じている。まさしく、表現の自由への統制である。

　戦争は、銃をつきつけられ、子どもを抱きかかえ共に死に至った親子、銃弾を受け身体障害者・傷痍軍人になった兵士、逆に、他軍であるにせよ人に砲弾を浴びせ死を与える恐怖より精神的にノイローゼになった、トラウマになった人といったように、民間人、軍人に「不安」「生きる心地のなさ」を互いにうみだしているという旨の記事は、毎年8月15日前後の新聞紙上では時々目にする。

　教育学側からは、清水寛（埼玉大学名誉教授）が『障害者と戦争』（1987年、新日本新書）で、戦争で役立つか否かで人間のすべてがフルイにかけられた十五年戦争の時代に、息をひそめて生きねばならなかった障害者・家族の痛恨な体験をまとめている。

　福祉学側からは、浅井春夫（立教大学名誉教授）が『沖縄戦と孤児院』

（2016年、吉川弘文館）で、多くの子どもたちが家族を失い孤児となったことに加え、苦しい食料事情、感染症の蔓延、衰弱死など孤児たちが直面した現実を解明している。

「教育福祉」が1970年代以降に話題となった。その中でたとえば、社会教育学側からは、小川利夫（名古屋大学名誉教授）により教育と福祉をつなぐ概念様式をどうとらえたらよいかという提起がなされた（本書第3章）。「教育福祉」論のいろいろな捉え方はあるが、筆者は、第3章で取り上げたように「養護」概念については、「健康・発達の保障」、「本人・家族の生活支援」にあるのではないかと歴史の経緯から考えさせられる。あるいは「生存権」と「教育権」の保障と言っても良かろう。

今、「平和」をつくることの難しさはあるが、それを考え続けることはできると思う。

以下に、戦争と孤児・障害児者に関する蒐集した書籍・資料（文献目録も含めて）を執筆年代順に列挙してみることとする。これを契機に、今後は大きな研究分野になるという新しい課題が見えてきた。その課題は、究極には教育の福祉の受け皿にさえなっていなかったという、教育と福祉の谷間に置かれていたという大きな「教育福祉問題」であるような気がする。ここではとりあえず、研究の第一次作業として、下記の表1に書籍を掲げる。ただし、本表で紹介できなかった書籍、行政機関資料、施設・学校の第一次史料、調査報告書、大学研究紀要論文、自費出版等もかなりの量であることが明らかになってきた。これは筆者の浅学として今後に追加したい。

なお、学童疎開に関する書籍もけっこうあることが今回の調査で明らかになった。たとえば、金田茉莉『東京大空襲と戦争孤児』（影書店）のpp.328-330にはリストがまとめられている。また、小手鞠るい『あんずの木の下で』（原書房）のpp.171-173にもリストがある。

本書においては、学童疎開についての書籍について今回は紙面の都合もあり割愛した。別の機会で、整理・概要にふれたいと思っている。

最後に、浅井春夫は「戦争孤児問題に関する文献紹介」（『戦争孤児たちの戦後史３』、吉川弘文館、pp.222-231）を７つの視点から整理している。大きな研究への窓口である。参考にしたいと思っている。

表１ 戦災と孤児・浮浪児、戦争と障害児者を対象とした書籍一覧（第一次作業、筆者作成）

No	書名	執筆者名	出版社	刊行年
1	戦災孤児の記録	島田正蔵、田宮虎彦	文明社出版会	1947
2	浮浪児の保護と指導	大宮録郎	中和書院	1948
3	家なき児－ある浮浪児の手記－	小林文男	文明社出版会	1948
4	生きてゐる－上野地下道の実態－	大谷進	悠人社	1948
5	青空を呼ぶ子供たち・戦災孤児育成記	積惟勝	銀杏書房	1949
6	ルンペン社会の研究	宮出秀雄	改造社	1950
7	混血児	高崎節子	同光社磯部書房	1952
8	混血児の母　エリザベス・サンダース・ホーム	沢田美喜	毎日新聞社	1953
9	問題児	小林文男	民生事業研究会	1953
10	光の中を歩む子ら	品川博	少年の家援護会	1958
11	黒い肌と白い心	沢田美喜	日本経済新聞社	1963
12	全養協二十年の歩み	全社協養護施設協議会調査研究部	全社協養護施設協議会	1966
13	戦災孤児の記録－戦火に生きた子ら－	田宮虎彦	太平出版社	1971
14	東京大空襲	早乙女勝元	岩波新書	1971
15	国家売春命令物語	小林大治郎、村瀬明	雄山閣出版	1971
16	火垂るの墓	野坂昭如	新潮文庫	1972
17	戦後少年犯罪史	畠山勝美、檜山四郎	酒井書店	1974

18	戦争の語り部として－民間戦災傷害者の三十年－	全国戦災傷害者連絡会	若樹書房	1975
19	雨にも負けて風にも負けて－戦争孤児十三万人の歪められた軌跡－	西村滋	双葉社 （民衆社）	1975 （1981）
20	日本の子どもの歴史⑥激動期の子ども	上笙一郎	第一法規	1975
21	養護施設三十年	全国社会福祉協議会養護施設協議会「養護施設三十年」編集委員会	全社協養護施設協議会	1976
22	日本の児童問題	浦辺史	新樹出版	1976
23	ガラスのうさぎ	高木敏子	金の星社	1977
24	なはをんな（那覇女一代記）	金城芳子	沖縄タイムス社	1978
25	ぼくもわたしも梅の花	日本子どもを守る会	草土文化	1978
26	東京闇市興亡史	猪野健治	草風社	1978
27	昭和史の記録水子の譜－引揚孤児と犯された女たちの記録－	上坪隆	現代史出版会	1979
28	春風のなかの子ども－ルポルタージュ浮浪児からテレビッ子まで－	永井萠二	太平出版社	1979
29	もうひとつの太平洋戦争	障害者の太平洋戦争を記録する会、代表仁木悦子	立風書房	1980
30	戦争と障害者－ベトナムからの証言－	高野哲夫、藤本文朗	青木書店	1981
31	千人の孤児とともに－戦災孤児を育てた石綿さだよ－	岩淵慶造	PHP研究所	1982
32	八月二日、天まで焼けた	中山伊佐男	高文研	1982
33	戦争って何さ－戦災孤児の戸籍簿－	中村健二	ドメス出版	1982
34	アメ横三十五年の激史	塩満一	東京稿房出版	1982
35	浮浪者収容所記	山本俊一	中央新書	1982

36	声なき虐殺－戦争は精神「障害者」に何をしたのか－	塚崎直樹	BOC出版部	1983
37	特集　戦争と障害者問題　障害者問題研究36号	全国障害者問題研究会	障害者問題研究会出版部	1984
38	沖縄の文化と精神衛生	佐々木雄司	弘文堂	1984
39	子どもたちの昭和史：写真集	「子どもたちの昭和史」編集委員会	大月書店	1984
40	日本貧困史	吉田久一	川島書店	1984
41	焼跡少年期	吉岡源治	図書出版	1984
42	愛児の家－40周年とママの米寿記念誌－	神戸澄雄	自費出版	1985
43	うしろの正面だあれ	海老名香葉子	金の星社	1985
44	日本を走った少年たち	村上早人	法令総合出版	1985
45	戦争孤児の記録－戦火に生きた子ら－（シリーズ・戦争の証言）	田宮虎彦	太平出版社	1986
46	母にささげる鎮魂記	金田茉莉	草の根出版会	1986
47	それぞれの富士－戦争とふたりの少年－	西村滋	主婦の友社	1986
48	子どもたちの太平洋戦争－国民学校の時代－	山中恒	岩波新書	1986
49	原爆孤児流転の日々	児玉克哉	汐文社	1987
50	戦争がはじまる	福島菊次郎	社会評論社	1987
51	日本写真全集4 戦争の記録	小沢健志	小学館	1987
52	占領期の福祉政策	村上喜美子	勁草書房	1987
53	障害者と戦争－手記・証言集－	清水寛	新日本新書	1987
54	地下道の青春	西村滋	ミネルヴァ書房	1988
55	孤児たちの長い時間〈シリーズ〉平和への願いを込めて⑲戦争孤児（東京）編	創価学会婦人平和委員会	第三文明社	1990
56	夕焼けはきらいだ	草加市広報課	草加文庫	1990
57	浮浪児の栄光	佐野美津男	小峰書店	1990

58	特集　天皇制と障害者の人権　障害者問題研究　63号	全国障害者問題研究会	全国障害者問題研究会出版部	1990
59	小学生新聞に見る戦時下の子供たち	秋山正美	日本図書センター	1991
60	さらば浮浪児・青春奮戦記	吉岡源治	山手書房新社	1991
61	障害者問題の窓から―戦争・歴史・福祉・美術 etc.―	河野勝行	文理閣	1991
62	アジア・太平洋戦争　日本の歴史⑳	森武麿	集英社	1992
63	「障害」にころされた人びと―昭和の新聞報道にみる障害の者（障害者）と家族―	生瀬克己	千書房	1993
64	日本ファシズムと医療	藤野豊	岩波書店	1993
65	MPのジープから見た占領下の東京	原田弘	草思社	1994
66	昭和ヒトケタ私の上野地図	山田吉生	マルジュ社	1994
67	障害者が語る戦争	城陽ボランティア連絡協議会	文理閣	1995
68	戦災孤児の神話―野坂昭如＋戦後の作家たち	清水節治	教育出版センター	1995
69	太平洋戦争被害調査報告	中村隆英、宮崎正康	東京大学出版会	1995
70	ひとり生かされて	中島弘子	自費出版	1995
71	写真・絵画集成日本の子どもたち近現代を生きる　2巻 15年戦争のなかで	歴史教育者協議会	日本図書センター	1996
72	焼け跡の子どもたち	戦争孤児を記録する会	クリエイティブ21	1997
73	日本ファシズムと優生思想	藤野豊	かもがわ出版	1998
74	おみすてになるのですか―傷痕の民―	杉山千佐子	クリエイティブ21	1999
75	母に生かされて	川満彰	あけぼの出版	2001
76	戦争孤児安ちゃんと仲間たち	あいち「青春の日々」刊行委員会　畑田重夫	みずほ出版	2002

77	東京大空襲と戦争孤児－隠蔽された真実を追って－	金田茉莉	影書房	2002
78	新ぼくらの太平洋戦争	本荘豊	かもがわ出版	2002
79	図説東京大空襲	早乙女勝元	河出書房新社	2003
80	障害児教育の歴史	中村満紀男、荒川智	明石書店	2003
81	逆戦災孤児	市川倭	健友館	2004
82	長野・千曲の太平洋戦争－写真記録－	駆込幸典、中島正利	しなのき書房	2005
83	銃後の社会史	一ノ瀬俊也	吉川弘文館	2005
84	写説占領下の日本	近現代史編纂会	ビジネス社	2006
85	忘れられた歴史はくり返す－障害のある人が戦場に行った時代（KSブックレット9）	秋元波留夫、清水寛	きょうされん	2006
86	戦後日本の戦争孤児と浮浪児　民衆史研究第71号	北川賢三	民衆史研究会	2006
87	写説戦時下の子どもたち	太平洋戦争研究会	ビジネス社	2006
88	戦災孤児の60年－孤児院に育った子供達の記録－	桜田鈴雄	新風舎	2006
89	アメ横の戦後史	長田昭	ベスト新書	2006
90	俺たちは野良犬か！－それでも生きた孤児たち－	山田清一郎	郁朋社	2006
91	日本帝国陸軍と精神障害兵士	清水寛	不二出版	2006
92	児童養護第8巻戦災孤児の記録　児童福祉文献ライブラリーシリーズ2	網野武博	日本図書センター	2007
93	GHQカメラマンが撮った戦後ニッポン－カラーで蘇る敗戦から復興への記録－	杉田米行、ディミトリー・ボリア	アーカイブス出版	2007
94	資料集成戦争と障害者（全7冊）	清水寛	不二出版	2007
95	障害者はどう生きてきたか－戦前・戦後障害者運動史－	杉本章	現代書館	2008

96	空襲で追われた被害者たちの戦後	沢田猛	岩波書店	2009
97	戸籍も本名もない男	村上早人	講談社	2009
98	戦火をくぐった唄－三日月センセイと三人の子と－	西村滋	講談社	2009
99	大阪空襲訴訟を知っていますか－置き去りにされた民間の戦争被害者－	矢野宏	せせらぎ出版	2009
100	戦災孤児の闘い－戦争被害の告発－	沢田猛	子どもの文化研究所	2010
101	脱『子どもの貧困』への処方箋	浅井春夫	新日本出版社	2010
102	精神障害者問題資料集成 戦前編および戦後編	岡田靖雄	六花出版	2010-2018
103	空襲被害はなぜ国の責任か－大阪空襲訴訟・原告23人の訴え－	矢野宏	せせらぎ出版	2011
104	昭和二十年夏、子供たちが見た日本	梯久美子	角川書店	2011
105	第二次世界大戦大阪における戦争孤児の生活と教育 上　大阪民衆史研究第67号　同上第68号	大阪民衆史研究会	大阪民衆史研究会	2012
106	東京空襲下の生活日録－「戦後」が戦場化した10カ月－	早乙女勝元	東京新聞出版部	2013
107	終わりなき悲しみ－戦争孤児と震災被害者の類似性－	金田茉莉	コールサック社	2013
108	編集復刻版戦後初期人身売買／子ども労働問題資料集成　全8巻	藤野豊、石原剛志	六花出版	2013-2014
109	靖国の子－教科書・子どもの本にみる靖国神社－	山中恒	大月書店	2014
110	沖縄戦と心の傷－トラウマ診療の現場から－	蟻塚亮二	大月書店	2014
111	沖縄の保育・子育て問題	浅井春夫	明石書店	2014

112	晴れた空（上）（中）（下）	半村良	集英社文庫	2014
113	歴史のなかの障害者	山下麻衣	法政大学出版局	2014
114	戦争孤児　全5巻	本庄豊	汐文社	2014
115	はじき出された子どもたち－社会的養護児童と「家族」概念の歴史社会学	土屋敦	勁草書房	2014
116	語られない「子ども」の近代－年少者保護制度の歴史社会学－	元森絵画子	勁草書房	2014
117	浮浪児1945－戦争が生んだ子供たち－	石井光太	新潮社	2014
118	戦争と福祉についてボクらが考えていること	大田昌秀、浅井春夫、芝田英昭、結城俊哉	本の泉社	2015
119	戦争孤児を知っていますか？－あの日、"駅の子"の戦いが始まった－	本庄豊	日本機関紙出版センター	2015
120	シリーズ戦争孤児　全5巻	平井美津子、本庄豊	汐文社	2015
121	手塚治虫と戦災孤児	菅富士夫	中井書店	2015
122	戦後の貧民	塩見鮮一郎	文藝春秋	2015
123	あんずの木の下で－体の不自由な子どもたちの太平洋戦争－	小手鞠るい	原書房	2015
124	戦争孤児－「駅の子」たちの思い－	本庄豊	新日本出版社	2016
125	沖縄戦と孤児院－戦場の子どもたち－	浅井春夫	吉川弘文館	2016
126	子どもの貧困の戦後史	相澤真一、土屋敦、小山裕、開田奈穂美、元森絵里子	青弓社	2016
127	戦争をする国・しない国－ふくしの思想と福死の国策－	浅井春夫	新日本出版社	2016
128	戦争孤児と戦後児童保護の歴史－台場、八丈島に「島流し」にされた子どもたち－	藤井常文	明石書店	2016

129	ハンセン病児問題史研究－国に隔離された子ら－	清水寛	新日本出版社	2016
130	もしも魔法が使えたら－戦災孤児11人の記憶－	星野光世	講談社	2017
131	資料集成精神障害兵士「病床日誌」全3巻	清水寛、細渕富夫、中村江里	六花出版	2017
132	戦争とこころ－沖縄からの提言－	沖縄戦・精神保健研究会	沖縄タイムス	2017
133	障害とは何か－戦力ならざる者の戦争と福祉	藤井渉	法律文化社	2017
134	日本軍兵士－アジア／太平洋戦争の現実－	吉田裕	中公新書	2017
135	社会的養護の歴史的変遷－制度・政策・展望－	吉田幸恵	ミネルヴァ書房	2018
136	戦争とトラウマ－不可視化された日本兵の戦争神経症－	中村江里	吉川弘文館	2018
137	絶望の底で夢を見る	石井光太	徳間文庫	2018
138	太平洋戦争下の全国の障害児学校－被害と翼賛－	清水寛	新日本出版会	2018
139	「混血児」の戦後史	上田誠二	青弓社	2018
140	「混血」と「日本人」－ハーフ・ダブル・ミックスの社会史－	下地ローレンス吉孝	青土社	2018
141	神戸の戦争孤児たち	白井勝彦、藤原伸夫	みるめ書房	2019
142	三月の空を見上げて－戦災孤児から児童文学作家へ－	漆原智良	第三文明社	2019
143	名もなき花たちと－戦争混血児の家「エリザベス・サンダース・ホーム」－	小手鞠るい	原書房	2019
144	「誉れの子」と戦争－愛国プロパガンダと子どもたち－	斉藤利彦	中央公論新社	2019
145	優生思想との決別	本庄豊	群青社	2019
146	孤児と救済のエポック	土屋敦	勁草書房	2019

147	孤篷のひと	葉室麟	角川文庫	2019
148	もうひとつの戦場―戦争のなかの精神障害者／市民	岡田靖雄	六花出版	2019
149	戦争孤児たちの戦後史		吉川弘文館	
	1. 総論編	浅井春夫、川満彰		2020
	2. 西日本編	平井美津子、本庄豊		2020
	3. 東日本編	浅井春夫、水野喜代志		2021
150	命のうた―ぼくは路上で生きた十歳の戦争孤児―	竹内早希子	童心社	2020
151	「駅の子」の闘い―戦争孤児たちの埋もれてきた戦後史―	中村光博	幻冬舎	2020
152	かくされてきた戦争孤児	金田茉莉	講談社	2020
153	都立松沢病院の挑戦―人生100年時代の精神医療―	齋藤正彦	岩波書店	2020
154	戦争孤児関係資料集成　全5巻	浅井春夫、艮香織、酒本知美	不二出版	2020-2021
155	糸賀一雄研究の新展開　ひとと生まれて人間になる	渡部昭男、國本真吾、垂髪あかり、	三学出版	2021
156	邯鄲の島かなり全３巻	貫井徳郎	新潮社	2021
157	沖縄戦の子どもたち	川満彰	吉川出版館	2021
158	「戦争孤児」を生きる―ライフストーリー／沈黙／語りの歴史社会学―	土屋敦	青弓社	2021
159	多様な子どもの近代―稼ぐ・貰われる・消費する年少者たち―	元森絵里子、高橋靖幸、土屋敦、貞包英之	青弓社	2021
160	戦後民主主義が生んだ優生思想―優生保護法の史的検証―	藤野豊	六花出版	2021
161	戦争と保育―戦中・戦後の幼稚園・保育所の実際―	清原みさ子、豊田和子、寺部直子、榊原菜々枝	新読書社	2021
162	東京大空襲の戦後史	栗原俊雄	岩波書店	2022

163	いっしょうけんめいきょうまで生きてきたと！－長崎県立養護施設「向陽寮」の元寮生たちの手記 復刻版－	鶴文乃	読書日和	2022
164	ビジュアル版終戦直後の日本－教科書には載っていない占領下の日本－	歴史ミステリー研究会	彩図社	2022
165	復帰50年沖縄子ども白書2022	上間陽子、川武啓介、北上田源、島村聡、二宮千賀子、山野良一、横江崇	かもがわ出版	2022
166	障害者たちの太平洋戦争－狩りたてる・切りすてる・つくりだす－	林雅行	風媒社	2022
167	事典太平洋戦争と子どもたち	浅井春夫、川満彰、平井美津子、本庄豊、水野喜代志	吉川弘文館	2022
168	児童福祉の戦後史－孤児院から児童養護施設へ－	本庄豊	吉川弘文館	2023

あとがき

　まえがきに執筆したように、筆者は、40年余の歴史研究を継続して行ってきた。

　障害児教育福祉史研究の単著を本書で9冊目を公にすることができた。

　これまで研究でお世話になった研究者、関係者、大学院生（学部生）、出版社などの方々に感謝の思いばかりである。何とかここまで書き続けることができた。一応の安堵の思いとさらなる続編への期待と交錯しているこのごろである。

　ところで、まえがきでも取り上げたように、2022年に社会事業史学会が50周年を記念して、『戦後社会福祉の歴史研究と方法－継承・展開・創造－』を刊行した。第1巻では、①社会福祉の思想・価値・規範、②思想としての宗教が問うもの、③人物史研究がひらくもの、④当事者視点への接近、⑤言説分析の可能性、⑥海外社会福祉歴史研究の方法を、第2巻では、①福祉原論と人権、②地域福祉の展開と福祉運動の捉え方、③貧困と福祉労働からの視座、④福祉対象の把握と支援の視座、⑤実践史という視座、⑥社会史からのアプローチ、⑦史料論、⑧総括をあげている。

　これらの研究方法の視座と、自分のやってきた上記の研究書を照らし合わせてみると、①人物史、②地域史、③障害児者の当事者理解、④実践史あたりを手掛けることがある程度きた感がする。たとえば、今回研究対象とした伊沢修二が、愛知師範学校の校長時に貢献したことは何かという問題意識も関係してこよう。確かに、ほんの短い間の校長在職期間ではあったが、わが国の「幼児の教育」には多大なインパクトを与えたと評価できよう。地域史ならではみえてくる事項である。同様なことは、児玉昌についても言えよう。まだまだ薄氷の研究であることは間違

いないがこのような点を今後大切にしていきたい。

　なお、第1章については、直接障害児と関連しないが、本書が人物史や地域史に視点を置いており、かつて筆者が愛知教育大学附属幼稚園の園長を併任していた時期があったので所収することとした。

　本書で「点描」という書名を掲げたのは、辞典によると、「人物や物事の特徴的な点を部分的に描写すること。簡単に部分を描写すること」と説明されている。特徴を部分的に執筆することはどういうことなのかという問題意識があったからである。各論文を簡略化するのではなく、盛り込まれているいくつかのキーワードを上手に浮き上がらせ構成し、読者に伝えることなのかなとも考えさせられる。キーワードといった点を繋げて全体像を表現するとでもいえよう。障害児教育福祉史研究の研究方法を考える機会にもしたいと考えたからである。

　最後に、筆者を歴史研究へと道をひらいてくださった愛知教育大学大学院時代の恩師である故田中勝文先生が、生前に学生たちに「能力や人格の発達保障の観点から、障害児者の教育と福祉の統一的実現を目指すべき」という教示をしていた。学問を愛し、学生を愛し、酒を愛しという恩師の姿勢は、弟子のひとりとして継承していかなければならない。

　今回は、社会事業史学会から学ぶことの大切さを再認識させられたが、筆者の所属する他の学会や研究会からも、もう数年であろうが学ぶ姿勢を忘れずに精進したい。67歳の誕生日にて刊行できありがたく思っている。

2024年12月28日
愛知教育大学名誉教授
小川英彦

初出一覧

　本書を刊行にするにあたって、以下にその拠り所としている論文を記しておく。

第 1 章
　本章は書下ろしである。

第 2 章
　本章は書下ろしである。

第 3 章
　本章は書下ろしである。

第 4 章
　本章は書下ろしである。

第 5 章
　本章は書下ろしである。

第 6 章
　小川英彦「分離から統合へ、そして包括へ：歴史的な経緯」（小川英彦、田中謙『ダイバーシティ・インクルージョン保育』、pp.21-26、2022 年、三学出版）。

第 7 章
　小川英彦「『療育』概念の成立に関する研究」（財団法人鉄道弘済会『社会福祉研究』、第 57 号、pp.95-102、1993 年、財団法人鉄道弘済会社会福祉部）。
　小川英彦「ダイバーシティ・インクルージョン保育・幼児教育の構築」（全国児童養護問題研究会『社会的養護研究』、Vol.2、pp.75-81、2022 年、創英社）。

資料
　本資料は書下ろしである。

事項・人物索引

【数・英】
5歳児健診　95
8.8%　65, 88, 94
DSM-5　94
SDGs　91
SNE教育　51, 77
SOS　93

【あ】
愛育研究所　78
愛育養護学校　78
『愛知県教育史』　15
愛知県女子師範学校附属幼稚園　14
愛知県立精神病院　58, 61
愛知師範学校　11
『愛知師範学校年報』　19
浅井春夫　106
遊び　29
アレルギー　99
安心　75, 103

【い】
伊沢修二　11
石井亮一　26
異常児　36, 78
『一般教育学』　42
一般養護　42
糸賀一雄　83, 98
意味づけ　74
医療的ケア　98
インクルージョン　77, 85

【う】
ヴォンフェンスベルガー　84
浦辺史　54

【え】
栄養失調　37
遠藤由美　49

【お】
近江学園　83
大阪市立児童相談所　30
大塚養護学校　78
大津市　83
岡田靖雄　62
小河滋次郎　31, 34
小川利夫　50, 107
『沖縄戦と孤児院』　106
奥田三郎　59
乙竹岩造　24, 33
音楽取調掛　12
恩物　17

【か】
外国にルーツのある子ども　95
学制　17
可塑性　67
学校医　44
学校看護婦　44
学校看護婦執務指針　44
学校看護婦ニ関スル件　44
『学校保健百年史』　43
金子みすゞ　87
加配　87, 94, 104
刈り込み　106
簡易幼稚園　29, 33
感覚過敏　103
環境因子　71
看護師　98
感性　68
カント　42

【き】
『季刊保育問題研究』　65,92
基礎教科　72
城戸幡太郎　58
気になる子　22,65,92
義務化　79
『教育学』　42
教育課程の系統性　74
教育課程の構造化　72
教育権　107
教育病理学　24,58
教育福祉論　51,107
境界線となる子　95
教授　42
協働　95

【く】
クールダウン　103
倉橋惣三　22,66
呉秀三　24,61
グローバリゼーション　104
訓練　42

【け】
『京阪神聯合保育会雑誌』　16
限局性学習症　95
健康・発達保障　55
言語教育　97
研修　104

【こ】
構造化　103
幸福追求　63
合理的配慮　70,85,88,101
小金井学園　58
五感　70

国民学校ニ関スル要綱　45
国民学校令　45
国連持続可能な開発サミット　91
孤女学院　26
児玉昌　58,93
子ども主体　72
子どもの権利　51
小西信八　23
小林提樹　98
個別の教育支援計画　30,75,80
個別の指導計画　75,80

【さ】
最善の利益　89
榊保三郎　24
さくら・さくらんぼ保育　66
里親　35,55
サラマンカ声明　77
三田谷啓　32

【し】
支援員　87,94
視覚入力　103
宍戸健夫　22
自然　68
慈善事業　36
持続的発展　88
私宅監置　59
『実験保育学』　31
質の高い保育　89
児童の権利　35
児童発達支援事業　80
児童発達支援センター　80
児童保護問題　23
『児童論』　15

自閉スペクトラム症　69, 95
死亡率　31
島田療育園　98
清水寛　106
社会事業　36
社会事業の父　35
『社会事業綱要』　35
社会的養護　55
集団主義養護論　47
集団づくり　74
集団の教育力　69
唱歌　16
障害児保育園ヘレン　99
障害児保育事業実施要綱　82
障害者差別解消法　102
『障害者と戦争』　106
障害者の権利に関する条約　101
障害者プラン　84
『小學唱歌集』　12
松風荘　47
女子高等師範学校附属幼稚園分室　25
私立幼稚園特殊教育費国庫補助金制度　81
視話術　12
人権　55, 93
『新授真法』　15
心身障害児通園事業実施要綱　79
心身障害児幼稚園助成事業補助金交付要綱　81
身体虚弱児　37, 47
身体検査　42
身体づくり　71
『人物でつづる精神薄弱教育史』　58

【す】
杉浦守邦　42
杉田直樹　62

【せ】
生活支援　55
精神薄弱児通園施設　79
精神病院法　59
精神病者私宅監置ノ実況及ビ其統計的観察　61
生存権　107
セガン　24
積惟勝　47
全国児童養護問題研究会　48
全国障害者問題研究会　50
全国保育問題研究会　50
戦災孤児　48, 106
『戦争孤児たちの戦後史』　108
選択　77

【た】
ダイバーシティ　51, 77, 91
鷹ケ峰保育園　78
高橋正教　53
滝乃川学園　26
竹の子幼稚園　99
田中勝文　42
田中不二麻呂　11
田中良三　54
谷間の問題　51
多文化共生社会　97
多様性　87, 100

【ち】
知識注入主義　29
注意欠陥・多動症　95
『治療教育』　59
治療教育学　32

【つ】
突き出た大脳　67
伝え合い　69

【て】
『低能児教育法』　33
寺田精一　27
轉地保育　33

【と】
東京音楽学校　13
東京市養育院　28
東京女子師範学校　11
東京盲唖学校　13
東京盲學校　23, 31
統合保育　75, 81
当面推進すべき児童福祉対策について　81
特殊児童　36
特殊性　76, 83
特別支援教育　87
特別なニーズのある子ども　22
特別養護　43
トラホーム　44

【な】
『名古屋教育史』　14
生江孝之　35

【に】
ニーズ　77
ニィリエ　84
『日本基督教社会事業史』　35
『日本庶民教育史』　33
『日本の小学教師』　16
日本幼稚園協会　22

【の】
ノーマライゼーション　84
能力主義　51
野口幽香　24

【は】
白痴教育　26, 59
発達障害　65, 87, 94
発達障害者支援法　95
発達性協調運動障害　95
発達保障　51, 98
バリアフリー　85
バンク・ミケルセン　84

【ひ】
東基吉　22
皮膚感覚　67
描画　72
表現　72
病児保育　99
平岩ふみよ　99
びわこ学園　98

【ふ】
富士川游　24, 27
藤島岳　58
『婦人と子ども』　22
二葉保育園　31
二葉幼稚園　24, 31
普遍性　76
フレーベル会　22
フレーベル主義　15
分離保育　78

【へ】
ペアレント・トレーニング　80

並行通園　80
平和　106
ヘルバルト　42

【ほ】
『保育学』　31
保育問題研究会　78
ポプラ　66

【ま】
マカレンコ　49
待つこと　68
松沢病院　58

【み】
三木安正　59, 78
見通す力　103
三宅鑛一　24

【も】
望月彰　53
森島美根　24
『文部省雑誌』　20

【や】
夜学校　31

【ゆ】
遊戯　16
湯川嘉津美　22
ユニバーサルデザイン　85

【よ】
『幼学綱要』　17
養護　40, 42
養護学級　46

養護訓導　46
養護訓導執務要項　46
『幼児教育』　22
『幼児教育法』　31
幼児の教育　11
『幼稚園保育法』　29
幼稚園令　14
幼稚小学　17
幼稚遊戯場　17
吉田熊次郎　34
吉田幸恵　54
四谷鮫河橋　24

【ら】
ライン　43
楽石社　13

【り】
リズム遊び　71
療育　80, 98
林間学校　33
『倫氏教育学』　42
リンドネル　42

【わ】
『わが九十年の生涯』　35
脇田悦三　78
和田實　22

小川　英彦　障害児教育福祉史シリーズ

〈2014年5月刊行〉

障害児教育福祉の歴史
― 先駆的実践者の検証 ―

　障害児の教育と福祉分野における人物史研究である。
　明治期から昭和期にかけてより広範な時期を対象にして各々の実践が生み出される社会背景や成立要因、実践の根本的な思想を明確にしようとした。また歴史研究において何よりも大切な資料の発掘を行った。
　①石井亮一、②小林佐源治、③杉田直樹、④近藤益雄、⑤小林提樹、⑥三木安正の6人の先駆的実践者を研究対象とした。

ISBN978-4-903520-87-2　C3036　A5判　並製　129頁　本体1800円

〈2016年12月刊行〉

障害児教育福祉史の記録
― アーカイブスの活用へ ―

　障害児の教育と福祉の両分野を対象にして重要と思われる資料の発掘、整理、保存を行った。
　副題にもなっているとおり、アーカイブスとして未来に伝達し活用されることを目的とした。後世の研究発展の一助になればという思いがある。
　戦前における障害者福祉文献整理や障害児保育文献整理などを所収した。

ISBN978-4-908877-05-6　C3036　A5判　並製　197頁　本体2300円

☆好評既刊

⟨2018年8月刊行⟩

障害児教育福祉の地域史
― 名古屋・愛知を対象に ―

　名古屋・愛知という地域での実践の歩みを追究した。
　先行研究の一覧、文献目録、年表等の資料を数多く含んでいる。戦前・戦後の連続性、実践の根底に貧困問題があること、児童福祉法制定の精神の貫徹等、実践の特徴を明らかにすることができた。
　名古屋市個別學級、愛知県児童研究所、八事少年寮、戦後初期の精神薄弱児学級などを研究対象とした。

ISBN978-4-908877-22-3　C3036　A5判　並製　141頁　本体2300円

⟨2019年3月刊行⟩

障害児教育福祉の通史
― 名古屋の学校・施設の歩み ―

　ある特定の時代に限定するのではなく、全時代にわたって時代の流れを追って書いた通史である。
　国の施策・行政動向の中での名古屋の位置づけ、名古屋ならではの実践の特徴、障害児(者)のライフステージを意識した視点を大切にしたいという思いで執筆した。①明治・大正を通して(萌芽)、②1950年代以降を通して(展開)、③1970年代以降を通して(拡充)、④2000年代以降を通して(展望)、という時期区分により記述している。
　名古屋を中心に残存している資料の発掘、保存に努め、それを整理・総括している。

ISBN978-4-908877-23-0　C3036　A5判　並製　156頁　本体2300円

☆好評既刊

〈2020年3月刊行〉

障害児教育福祉史の資料集成
― 戦前の劣等児・精神薄弱児教育 ―

　近年はインクルージョンという理念が叫ばれているように、障害児に関係する地域における支援システムが構築されつつある。こうした変化をもたらしたのも、全国各地の学校（学級）において、対象児と支援者の互いの関係が次第に積み上げられたからである。それゆえに、本書では上記の資料を、県や市ごとに代表的に実践された障害児教育の試みに注目して集成した。

　わが国の障害児教育は、「特殊教育」から「特別支援教育」へと大きく変化してきている。変化する時代であるほど、歴史を紐解き、先駆的実践者の苦労した業績に学びながら、将来を展望することが重要になってくることを、「温故知新」の意義を読者の皆様と確認できればと考えさせられる。

ISBN978-4-908877-30-8　C3036　A5判　並製　224頁　本体2300円

〈2020年9月刊行〉

障害児教育福祉史の人物
― 保育・教育・福祉・医療で支える ―

　保育からの支えでは生活に参与した津守真、教育からの支えでは戦後の障害児教育の実践記録、1970年代から80年代の民間教育研究団体での実践記録から幾人の先駆者、貧民学校創始者の坂本龍乃輔、医療からの支えではハンセン病隔離に抗した小笠原登、児童精神医学を樹立した堀要などを取り上げた。コラムには、三木安正、小林提樹、糸賀一雄の活動の概要を紹介した。血の滲むような苦労をしながら開拓していく姿を読み取ることができよう。

ISBN978-4-908877-33-9　C3036　A5判　並製　224頁　本体2300円

☆好評既刊

〈2021年7月刊行〉

障害児教育福祉史の偉人伝
― 愛知の障害児者支援の尽力 ―

　2014年、2020年に次いでの3巻目の人物史研究である。
愛知を舞台にした、障害児問題の解決に貢献・活躍した41名の著名な実践家と研究者を研究対象とした。
　導かれたのは、子どもの発達の可能性を限定してしまうのではなく、むしろ、生活や発達を保障するという見地から、子どもたちの獲得すべき生活力、学力、人格を明らかにし、そのために整備すべき教育や福祉の方法や内容を構築していくという考え方である。

ISBN978-4-908877-39-1　C3036　A5判　並製　168頁　本体2300円

〈2023年8月刊行〉

障害児教育福祉の実践記録
― 親子に寄り添った私の13年の歩み ―

　筆者の過去13年間に及ぶ知的障害児教育の実践記録である。
その集大成として、「新しい再実践」「子どもの発見」「人間関係の構築」といった観点を実践記録は含んでいると結んでいる。
　その記録の中心は、何といっても、子どもがどのように発達していったか、その発達を促す教師の働きかけは何であったかになる。
　本書のトーンは、実践と理論の結合、実践の中から生まれた理論を実践へとフィードバックさせ、実践－総括－計画－再実践という還流関係を作っていくことがありうるという点である。

ISBN978-4-908877-39-1　C3036　A5判　並製　168頁　本体2300円

小川英彦（おがわ　ひでひこ）

1957 年　名古屋市生まれ
1983 年　名古屋市立の特別支援学級、特別支援学校（教諭）
1996 年　岡崎女子短期大学（講師）
2003 年　愛知教育大学（助教授）
2006 年〜 2021 年　愛知教育大学（教授）
2012 年〜 2014 年　愛知教育大学附属幼稚園（園長兼任）
2021 年　愛知教育大学（名誉教授　称号記第 362 号）
2021 年　至学館大学（特任教授）
2022 年　一般社団法人全国保育士養成協議会（表彰状　第 1283 号）

＊歴史研究書の共著・単著
・『障害者教育・福祉の先駆者たち』（2006 年、麗澤大学出版社、共著）
・『名古屋教育史Ⅰ』（2013 年、名古屋市教育委員会、共著）
・『名古屋教育史Ⅱ』（2014 年、名古屋市教育委員会、共著）
・『障害児教育福祉の歴史－先駆的実践者の検証－』（2014 年、三学出版、単著）
・『名古屋教育史Ⅲ』（2015 年、名古屋市教育委員会、共著）
・『障害児教育福祉史の記録－アーカイブスの活用へ－』（2016 年、三学出版、単著）
・『障害児教育福祉の地域史－名古屋・愛知を対象に－』（2018 年、三学出版、単著）
・『障害児教育福祉の通史－名古屋の学校・施設の歩み－』（2019 年、三学出版、単著）
・『障害児教育福祉史の資料集成－戦前の劣等児・精神薄弱児教育－』（2020 年、三学出版、単著）
・『障害児教育福祉史の人物－保育・教育・福祉・医療で支える－』（2020 年、三学出版、単著）
・『障害児教育福祉史の偉人伝－愛知の障害児者支援への尽力－』（2021 年、三学出版、単著）
・『障害児教育福祉の実践記録－親子に寄り添った私の 13 年の歩み－』（2023 年、三学出版、単著）

障害児教育福祉史の点描
―― 関連領域の検討 ――

2024 年 12 月 20 日初版印刷
2024 年 12 月 28 日初版発行

　　　　著　者　小川英彦
　　　　発行者　岡田金太郎
　　　　発行所　三学出版有限会社

〒 520-0835 滋賀県大津市別保 3 丁目 3-57 別保ビル 3 階
TEL 077-536-5403　FAX 077-536-5404
https://sangakusyuppan.com/

©OGAWA Hidehiko　　　　　　亜細亜印刷（株）印刷・製本